a
NATUREZA HUMANA
existe

francisco daudt

a NATUREZA HUMANA *existe*

E COMO MANDA NA GENTE

Casa da Palavra

Este livro foi revisado segundo o Novo Acordo Ortográfico da Língua Portuguesa.

Direção editorial
Martha Ribas
Ana Cecilia Impellizieri Martins

Editora
Fernanda Cardoso Zimmerhansl

Editora assistente
Beatriz Sarlo

Copidesque
Beatriz de Freitas

Revisão
Breno Barreto

Projeto gráfico de miolo e capa
Estúdio Gráfico Marcia Cabral

Diagramação
Abreu's System

CIP-BRASIL. CATALOGAÇÃO-NA-FONTE
SINDICATO NACIONAL DOS EDITORES DE LIVROS, RJ

D261n

Daudt, Francisco
A natureza humana existe : e como manda na gente / Francisco Daudt. - 1. ed. - Rio de Janeiro : Casa da Palavra, 2013.
176 p. ; 21 cm

ISBN 978-85-7734-375-1

1. Humorismo. 2. Crônica brasileira. I. Título.

13-01467

CDD: 398.2
CDU: 398.2

CASA DA PALAVRA PRODUÇÃO EDITORIAL
Av. Calógeras, 6, 1001 – Rio de Janeiro – RJ – 20030-070
21.2222 3167 21.2224 7461
divulga@casadapalavra.com.br
www.casadapalavra.com.br

Um homem pode fazer o que quer, mas não escolher o que ele quer.

Arthur Schopenhauer

SUMÁRIO

COLUNISTA DE JORNAL

"A paciência, assim como a República de Portugal, também tem seus limites", ensinava o Barão de Itararé.

Comigo ocorreu o mesmo a partir do momento em que fui convidado pela *Folha de São Paulo* para escrever regularmente uma coluna: meus limites eram os 3.000 caracteres que a paginação admitia.

Neles, precisava encaixar as ideias e informações sobre o tema que me é muito prezado: a influência da natureza humana, através da genética e da seleção natural (Darwin), em nossos comportamentos, escolhas e desejos. Ela nos manipula sem que percebamos, nós que temos a pretensão de estar no comando de nossas ações, que cremos na ampla liberdade de nosso arbítrio.

Nunca entendi como a psicanálise podia desdenhar dessa força descomunal. Era como ter um elefante na sala e fingir que ele não estava ali.

Mas isso é problema de uma psicanálise que se fecha a outras maneiras de entender o funcionamento da mente, como as psicologias cognitiva e evolucionista e a neurociência. Tenho um sonho de que essa minha prezada obra de Freud venha a se abrir cada vez mais ao espírito científico que o professor vienense ambicionou para ela. E faço a minha parte para que isso aconteça.

Eis a razão de ser deste livro: ir além da concisão necessária para a coluna e dar vazão à minha vontade de tornar consciente (o principal objetivo da psicanálise é esse) o fator natureza agindo sobre nós, e com isso ampliar nossa capacidade de decidir sobre nossas vidas.

Tomei como bases as colunas, mas aqui pude ir além dos 3.000 caracteres.

A NATUREZA HUMANA EXISTE

– Tá maluco, Dr. Daudt? Todo mundo sabe que a natureza humana existe! É que nem a piada do sapo e do escorpião, quando ele pica o sapo no meio do rio e os dois vão se afogar, e ele diz: "Eu não posso fazer nada, é da minha natureza..."

– Aí é que está, amigo. Para os bichos, todo mundo reconhece que eles têm natureza, que têm instintos. E você não está de todo errado. O que acontece é que você é engenheiro, um homem das ciências exatas. O mais engraçado é que você tem a companhia dos não formados e do senso comum. Qualquer pessoa vai dizer: "Isso ele puxou da família do pai", e ninguém discorda.

Mas na Academia, no mundo das universidades, das pessoas letradas, a coisa é diferente. Eu, psicanalista, sou das humanas, como a psicologia, a sociologia, a antropologia, as políticas, a história etc. Pois você acredita que essa turma passou afirmando, desde seu nascedouro, que o ser humano era uma criatura em separado do resto dos bichos? Pode ter começado como coisa religiosa, mas depois, sobretudo depois de Marx, mudou para a "tábula rasa".

Para eles o ser humano nascia como uma folha em branco, e ele seria o que a "cultura" (os conhecimentos transmitidos) escrevesse nele. Ninguém explicava de onde tinha vindo a tal da cultura, mas ela era a origem de todas as malvadezas do ser humano:

a ganância, a trapaça, a inveja, o ciúme, a cobiça, a traição, a exploração de um pelo outro e, é claro, as desigualdades e o capitalismo. Mas as bondades também: o comunismo iria pegar as crianças e forjar o puro e novo homem, escrevendo nele só belezas. Era a continuação da crença no "bom selvagem" de Rousseau. Ele acreditava que os silvícolas, vivendo alheios à civilização, seriam a personificação do homem ideal do comunismo: não contaminados pela praga urbana dos maus sentimentos.

Esse tipo de pensamento dominou as ciências humanas desde então.

O que é a natureza humana, afinal? Pense num computador. Quando você o compra, ele já vem com um monte de programas instalados. Somos nós, quando nascemos. E isso é a natureza humana. Depois você acrescenta outros que te interessam (seria a "cultura"), que ele só absorve porque já tinha aqueles programas do nascedouro. Eu acho que a comparação está boa. Veja como um bebê vira a cabeça para o lado certo quando é posto para mamar. Ou como chora com seus incômodos. Ninguém ensinou essas coisas a ele. É do seu programa operacional. Por que temos medo de altura, do escuro, de insetos voadores, baratas e cobras? Tivemos aulas disso?

As crenças das ciências humanas afetam nosso dia a dia. Minha filha voltou da escola me contando que teve que preencher um formulário onde lhe perguntavam sua raça. Ora, não existem diferentes raças em nossa espécie, portanto escreveu: HUMANA. No dia seguinte a professora censurou-a por debochar do questionário. Ela respondeu (porque já tinha conversado comigo) que havia respondido da mesma maneira que Albert Einstein, em Ellis Island, EUA, 1937, e perguntou se a professora não achava que era um bom exemplo. Como foi aplaudida por toda a sala, a professora se calou.

Mas fico pensando em quantas crianças foram forçadas a se rotular brancas ou negras, importando um ódio racial de uso totalitário, semelhante à ideia de que somos seres vazios, prontos para mais "sábios" preencherem ao sabor de seus interesses.

É bem verdade que nossa natureza foi capaz de produzir nossa cultura, e foi a cultura, através de seus pensadores e líderes (como Hammurabi, Aristóteles, Platão, Cristo, Kant, John Stuart Mill e outros), que gerou a ética, as leis de convivência que nos regem. Ela não poderia sair diretamente do selvagem, de nossa natureza, que de bondosa tem poucas coisas em suas raízes, ao contrário do que pensavam Rousseau e os comunistas.

Não foi à toa que Charles Darwin relutou tanto em publicar seu livro sobre a seleção natural aplicada aos humanos. Era um tabu considerar o ser humano como mais um bicho, apenas.

E, de fato, muita gente viu na obra de Darwin uma boa "base científica" para explicar seu comportamento selvagem. Os capitalistas americanos do século XIX, gente como Mellon e Rockefeller, desandaram a aplicar uma selvageria empresarial que incluía o monopólio, o cartel e o *dumping* para arrasar competidores, pois nada mais faziam, segundo eles, que aplicar os ensinamentos de Darwin: a sobrevivência do mais forte. Chamava-se isso de **darwinismo social**.

Acontece que Darwin nunca postulou tal coisa, mesmo na natureza. Ele disse que os mais **adaptados** sobreviveriam. Foi assim que os pequenos mamíferos sobreviveram à catástrofe que dizimou fortíssimos e enormes dinossauros, pois precisavam de muito menos alimentos. É por isso que nós, descendentes daqueles bichinhos fracos, estamos aqui.

Dessa maneira, as influências biológicas no comportamento humano ficaram malvistas por décadas. Quando Edward O. Wilson publicou, em 1975, seu livro *Sociologia: uma nova síntese*, os acadêmicos marxistas (quase uma redundância, na época) das humanas se levantaram numa grita enfurecida, como se estivessem vendo a ressurreição do demônio. Acreditavam que a mente humana pudesse ser modelada como massinha de criança, e como alguém se atrevia a dizer que nosso comportamento era "determinado" pelos genes, que tínhamos "instintos" como os outros bichos, e o nosso livre-arbítrio?

Décadas se passaram até que a psicologia evolucionista ganhasse a credibilidade que hoje tem.

Este livro trata da *influência* que a genética tem sobre nosso comportamento, apesar de que algumas coisas sejam mesmo determinadas por nossa natureza, como, por exemplo, nossa preferência sexual.

Mas o objetivo aqui é seguir o princípio exposto por Spinoza (filósofo holandês do século XVII) de que a liberdade consiste em conhecer os cordéis que nos manipulam. É a única coisa que nos dá alguma margem para dirigir nossas vidas. E os nossos genes são grandes puxadores de cordéis.

Finalmente, outro filósofo, Schopenhauer (alemão, século XIX) disse uma bela verdade: você pode fazer o que quer. Mas você pode escolher o que quer? Pode amanhecer e dizer: "Hoje vou querer me apaixonar por um rinoceronte?" Difícil, não? Ou seja, há algo direcionando os nossos desejos, e a biologia é grande parte disso.

ESPÉCIE CRIANÇA

"Annuntio vobis gaudium magnun: habemus solidum" (Eu vos anuncio grande alegria: temos sólido), disse ele de dentro do banheiro, inspirado, é claro, na eleição do novo papa, para comemorar o fim da diarreia que o perseguiu por algum tempo. Sua mulher, do lado de fora, comentou: "Você nunca vai deixar de ser criança."

Sorte dele, que assim desfruta de uma característica peculiar de nossa espécie: a neotenia. É o nome que os biólogos dão a esse aspecto de espécies que conservam a mente de criança pela vida afora. Quer dizer "apego à forma nova".

Se nós compararmos um chimpanzé pequeno a uma criança de 2 anos, ambos se parecem muito: são criativos, curiosos, brincalhões, engraçados, buliçosos, mexem em tudo, ficam intrigados com o que não entendem, querem ver o que tem atrás, o que tem embaixo e como as coisas funcionam. Não param de aprender coisas novas, ligam-nas com as antigas para formar terceiras coisas, a ponto de usar uma recém-aprendida fórmula pomposa para avisar que a obra, em vez de líquida, saiu moldada e sadia.

Algum tempo depois, infelizmente, o chimpanzé vira um adulto *blasé* e entediado que já sabe meia dúzia de truques de sobrevivência e não se interessa mais em aprender coisa nenhuma. A menos, é claro, que algum cientista comece a premiá-lo com pencas de bananas a cada novidade que ele incorpora, aí periga aprender a ler.

Já a criança humana, se não for muito enquadrada e reprimida, continua com aqueles aspectos supracitados pelo resto da vida. Seguirá interessada e engraçada até morrer.

Curioso é o verbo latino *adolescere*. Significa "crescer". Em português, seu particípio passado deu em "adulto", "crescido". Já o particípio presente deu em "adolescente", que quer dizer "crescente, em crescimento", que é o equivalente a criança, que significa "em criação".

Resulta que nós todos, na melhor das hipóteses, deveríamos continuar adolescentes, crescentes ou crianças pelo resto da vida. Há quem pense que isso é um elogio à adolescência cronológica (que os americanos chamam de *teenagers*, referindo-se aos números de 13 a 19 que acabam em *teen*, em inglês). Não é. Infelizmente a adolescência cronológica (do tempo contado) é completamente diferente da adolescência *kairós* (como os gregos chamavam o tempo oportuno).

A primeira cai sobre nós como um fardo, um tempo "em que ainda não é dia claro, e já é alvorecer, entreaberto o botão, entrefechada a rosa, um pouco de menina, um pouco de mulher" (*Menina e moça*, Machado de Assis). Ou seja, um desastre, um perrengue, um desajeito. Não à toa os pais chamam de "aborrecente", embora quem mais se aborreça seja o próprio.

A adolescência *kairós* só acontece como invenção nossa a ser defendida com unhas e dentes para que evitemos o destino de virar chimpanzé blasé. Ela precisa ser planejada cuidadosamente para que possa acontecer.

Aí entra um truque de nossa complexidade: autossustentar a criança. Aprender a ganhar independência financeira (sem ela, não há outra) para se manter criando, crescente, inventivo, interessado, curioso, achando graça nas coisas, capaz de encantamento, enfim, feliz como uma criança.

MAQUIAGEM

Existe na natureza uma coisa chamada seleção sexual. Ela foi tema do primeiro livro de Darwin que falava da espécie humana. Na espécie dos pavões, quem escolhe é a fêmea. Um pavão tem que aparecer espetacular, e eles o são, a despeito de suas caudas serem uma enorme atrapalhação na hora de fugir dos predadores. As fêmeas são sem graça, mas não precisam de graça, são elas que escolhem.

Os cientistas descobriram que podiam maquiar um pavão, aumentando sua cauda com mais penas e penas mais compridas. Foi esse o pavão escolhido!

Na nossa espécie, homens e mulheres se maquiam, mas com finalidades diferentes.

A nossa diferença dos pavões é que neles só as fêmeas escolhem. Entre os *Homo sapiens*, ambos escolhem. E escolhem de maneira diferente, pois o desejo nos homens é despertado de um jeito, e nas mulheres, de outro.

O homem tem tesão visual. Seus olhos se atraem como por um ímã para seu objeto de desejo, que, uma vez achado, produz neles um início de preparação corporal para o sexo. Aliás, o método mais fácil de se saber a orientação sexual de um homem é verificando qual é seu ímã do olhar: uma mulher ou outro homem.

A mulher não tem tesão visual (apesar de cerca de 10% delas o terem, porque suas taxas de testosterona são mais altas e seus cérebros funcionam mais de maneira masculina). Seus olhos se atraem para o homem *interessante*. Interessante por vários critérios ligados à cultura. Se o homem *interessante* olhar para ela com desejo, aí sim, o desejo sexual da mulher é despertado, e seu corpo começa a se preparar para o sexo.

Certa vez dei uma palestra na Light sobre esse tema, e ao afirmar o que disse antes, um grupo de mulheres protestou que elas tinham, sim, tesão visual. Propus então um teste. Na plateia havia umas duzentas pessoas, apenas vinte homens. Disse: "Mulheres, imaginem duas fotografias. Uma é de um rapaz em seus vinte e poucos anos, muito bonito de rosto e corpo, completamente nu em frente a um fundo infinito. A outra é de um homem nos seus quarenta, têmporas grisalhas, de terno Armani, saindo do banco de trás de uma Mercedes com motorista. Agora levante a mão quem prefere o de terno Armani (150 mulheres ergueram o braço animadamente). Agora as do rapaz nu (dezoito se apresentaram, numa certeira comprovação estatística: eram do grupo da testosterona).

Critérios de seleção sexual em nossa espécie:

Os machos escolhem uma fêmea pelo visual que lhes desperta desejo, excitação sexual, pelas características que indicam fertilidade e bons genes para suas crias.

São elas: **beleza** (cujo principal critério é a simetria corporal, principalmente a facial); **saúde** (postura ereta; carnes abundantes e firmes, mas não tanto que pareçam masculinas, pois carnes firmes demais numa mulher sugerem excesso de testosterona, portanto, esterilidade; seios fartos para uma boa amamentação; quadris largos, para um parto fácil; mucosas rosadas, como o lábio e o leito das unhas; escleróticas límpidas – a parte branca dos olhos); **juventude** (essencial para a fertilidade, e isto, a partir do momento em que a jovem apresenta caracteres sexuais secundários, como peitos e quadris, por isso é tolice dizer que um homem é pedófilo por desejar uma menina assim de doze anos – ela já é capaz de ser mãe –, e antigamente muitas se casavam com essa idade). Não lhes importa tanto a origem social, a educação ou o requinte para que o desejo sexual lhes seja despertado. Para outros compromissos, a coisa é diferente.

Mas só ouvimos mulheres dizendo que o ideal é serem "durinhas", secas como um varapau, e que usar esmalte verde e batom roxo é o máximo. Como se explica?

Elas estão seguindo uma moda ditada por homens que não se interessam por mulheres e competindo com outras mulheres. Para homens que gostam de mulheres, elas só se parecem doentes e estéreis, ou seja, não desejáveis.

Maquiagens mandam mensagens.

Mulheres: lábios inchados; batons rubros; unhas enormes; próteses mamárias gigantescas; roupas mínimas que mal seguram seus conteúdos; e seus congêneres dizem que ela está pronta para a guerra, nem que seja por uma noite. O contrário disso, ou seja, o *low profile*, da discrição, diz "eu sou confiável para a vida toda". Qualquer maquiagem, afora o negro que circunda os olhos, se sair dos subtons do vermelho, dará a impressão de doença.

As fêmeas escolhem pelo visual que lhes desperta interesse ("Fulano é interessante"). Isso varia de tribo para tribo. Ao contrário dos homens, para elas, nunca será um homem nu. Ele pode estar vestido de Armani e comendo no Oister Bar ou tocando guitarra de jeans esfarrapado, cheio de tatuagens; ele precisa enviar seu contexto, ou não será considerado "interessante".

Maquiagens mandam mensagens.

Homens: saiba a tribo que lhe interessa. Mauricinho? Porsche, cashmere no ombro e Rolex. Metrossexual? Ih, desculpe a ignorância, só sei que eles se depilam. E assim por diante...

O LADO NEGRO DA FORÇA

"Fulano é um psicopata: matou a família e foi ao cinema!"

Sinto muito, antes de tudo, fulano é um ser humano. Pergunte-se (ninguém está ouvindo): você nunca pensou, "só matando?"; você não vibrou vendo *Tropa de elite 2* quando o Nascimento enche o político corrupto de porrada?; você não participaria de um linchamento, com a galera gritando "mata, mata"?; você não teve uma tentação quando viu que te deram troco a mais? Nunca experimentou a sensação de *run amok*? (*to run amok* é o que dizem do elefante que enlouquece e sai arrasando tudo o que vê pela frente, árvores, aldeias ou pessoas), um ódio tão intenso subindo pela garganta que você percebe que não vai responder mais por si, que vai quebrar pratos, cadeiras e a cabeça de quem te produziu o ódio, até ver os miolos gosmentos dele se esparramarem pelo chão? Nunca devaneou com coisas parecidas? De passar aquele "filho de uma senhora de reputação duvidosa" peça por peça por um moedor de carne?

E, sendo um político, convidado por um empresário para receber carona num *Gulfstream* 500 (é um jatinho particular lindo) para uma tarde em Fernando de Noronha, não a serviço do público, mas para o seu gozo único, não pensaria algo do tipo, "ele vai para lá mesmo, qual o problema de eu ir junto?", e ainda não perguntaria, "posso levar minha namorada?".

Eu sei, eu sei, você não faria nada disso. Primeiro, porque você recebeu uma educação esmerada, e na sua casa todos são críticos dos quem fazem essas coisas. Segundo, porque essas ocasiões nunca se apresentaram a você.

"A ocasião faz o ladrão" foi uma das coisas que minha mãe me ensinou: não deixe dinheiro solto. A empregada pode ser de confiança, mas é um abuso tentá-la. Se ela roubar, a culpa é sua! "Confie, desconfiando", dizia o Marechal Floriano Peixoto, outro que entendia da natureza humana.

É verdade, nós somos capazes desses horrores todos, principalmente se a sobrevivência está em jogo. Também é verdade que um percentual mínimo da humanidade tem o gozo especial de fazer os outros de idiotas e rompe todas as regras sociais com o cuidado de não ser pego. São os psicopatas.

Mas a grande maioria de nós funciona direitinho, respeita as leis, sobretudo se elas funcionam e, se transgredidas, há punições (leis sem punições "não pegam") que são aplicadas; muitos de nós fomos criados vendo as vantagens do agir bem: "Se malandro soubesse como é bom ser honesto, seria honesto só por malandragem" (como dizia Jorge Benjor).

Mas três condições favorecem o crime: motivação, meios e oportunidade. Flanelinhas achacadores me produzem motivação assassina. Fazerem isso em local escuro e isolado me fornece oportunidade. Faço questão de não andar armado, de modo a não ter os meios e não pensar bobagem.

Meu ponto é que nosso lado negro não surge porque há bonzinhos e há malvadinhos. Somos todos humanos e compostos das mesmas coisas, em quantidades diferentes, e vivemos em circunstâncias diferentes. A ética também é feita de melhoria das circunstâncias. A civilidade começa com o respeito que as leis e o governo têm com o cidadão, que inspiram o respeito que o cidadão terá com as leis, o governo e a comunidade.

Uma das coisas que temos de realmente bom e favorável em nossa natureza chama-se "altruísmo recíproco": faça-me algum bem, e eu terei vontade de retribuir (e se bancar o esperto, se não retribuir, eu vou me afastar de você, pois percebi que você é do tipo "leva vantagem"), e ao retribuir, você vai me ajudar de novo, e assim por diante.

Há quem pense que o verdadeiro altruísmo não deveria almejar recompensa. Mas o fato é que mesmo São Francisco de Assis tinha ganhos em ser bom: se ele não o fosse, iria se sentir muito mal. Sua célebre oração reza que "é dando que se recebe, é perdoando que se é perdoado". Altruísmo recíproco, portanto.

COMIDA

Pense que você está na savana africana há 100 mil anos. Sua tribo é pequena, as mulheres se reúnem para trocar informações sobre onde podem coletar raízes e frutos e trocar favores para ter com quem deixar seus pequenos enquanto se aventuram nessa empreitada. As mais faladeiras são as mais simpáticas, as mais capazes de estabelecer redes sociais de informações sobre os lugares de coletas e as mais hábeis em obter proteção para suas crianças. A isso, Darwin chamou vantagem evolutiva.

Essas mulheres deixaram mais filhos que as casmurras, as ensimesmadas de poucas falas. Não é de espantar que as mulheres de hoje falem pelos cotovelos, numa média de três vezes mais que os homens. Elas salvaram seus filhos. É algo que temos que aturar? Ou admirar?

E os homens? Mais musculosos, menos apegados às crias, iam à caça, silenciosos, comunicavam-se por sinais, para não afugentá-las. Traziam as preciosas proteínas, que nos deram cérebro diferenciado. Cansados, sentavam-se ao redor da fogueira em silêncio cúmplice, amizade de homem. Não é de admirar que hoje eles se sentem em torno da TV, tomando cerveja e urrando com os lances do futebol. Amizade de homem.

Nem as raízes e frutas eram fartas, nem as proteínas da caça eram fáceis. Havia substâncias nelas que eram capazes de se acumular no corpo como uma reserva de combustível: os açúcares (carboidratos) e as gorduras (lipídios). Se a turma passasse um tempo de vacas magras, o corpo iria se abastecer deles. Novamente aí entra Darwin a dizer: quem gostou mais de açúcares e gorduras deixou mais descendentes. Nós somos descendentes daqueles africanos que gostavam mais de açúcares e gorduras, pois os outros morreram de inanição.

Resultado: pense num cheesecake com uma base de farinha de trigo (carboidrato, manteiga e açúcar), coberto de queijo cremoso (proteína e gordura), arrematado com geleia de framboesa (açúcar e mais açúcar). Olhe bem para aquela fatia gorda na sua frente. Repare agora no que está acontecendo com suas glândulas salivares. Elas estão indiferentes ou jorrando água na boca só de você ler isto?

Agora, uma pequena diferença: na savana africana você tinha que ralar para pegar um pouquinho de proteína, de açúcar e de gordura. Não havia obesidade entre nossos ancestrais, muito menos academias de malhação.

Você está lendo o livro na poltrona. O telefone está ao alcance da sua mão. Nele está gravado o número do serviço de entrega da quantidade de proteína, gordura e açúcar que você quiser. O que você acha que os seus genes vão pedir? Que você se levante e saia à caça? Que você procure suas amigas para saber onde ficam as melhores raízes e frutas?

Toda a parte boa pode ser entregue em casa: a fogueira está lá, basta chamar os amigos para ver TV com cerveja e pizza; as mulheres estão na cozinha, conversando sem parar, sem ter ido à coleta, pois a coleta foi até elas.

É esta a armadilha que a natureza nos preparou. Ela nos seduziu para que acreditássemos que isso é a tal da felicidade (mas é a mãe da obesidade).

NEGAÇÃO

Minha cabeça entrou em parafuso quando soube que a casa de um amigo meu na serra foi varrida pela tempestade, matando uma família a quem ele a tinha alugado. Imagino, com imensa dor, a dele.

O que aconteceu comigo? Por acaso eu não sei que os verões trazem enxurradas e, com elas, riscos de morte? Que os governos são precários na prevenção, pois ela não dá votos? Que grande surpresa é essa?

É o rompimento de um importante filtro para o bom funcionamento do nosso cérebro, uma coisa como um *firewall* de computador, um dos principais mecanismos de defesa que nos permitem viver e funcionar chamado NEGAÇÃO.

Ai de nós se não houvesse a negação.

Quer experimentar? Você vai morrer, não é mesmo? E pode ser hoje, por um assalto, por uma bala perdida, por um enfarto fulminante. Aquela dorzinha na barriga? Pode bem ser câncer. Já apalpou seu peito? Vai viajar? Para Paris? Se lembra daquele voo da Air France? Onde está seu filho agora? Tem certeza? Ele está dirigindo? Ihh... Seu patrão estava sério hoje quando falou com você. Será que o "debaixo da ponte" não te espera amanhã? E que tal ser velho pobre? Seus filhos vão te pôr num asilo, num depósito de moribundos, jogado e babando numa cadeira dura, olhando uma televisão em preto e branco, enquanto ninguém troca o seu fraldão?

Quem pode viver pensando nessas coisas? Nós não sairíamos de casa (blindada, no alto de uma colina, cheia de para-raios).

É aí que entra o antivírus *negação*. Ele permite que nosso cérebro continue funcionando bem, sem travar. "Não, minha filha dirige bem e é responsável, ela pode ir à festa e voltar às três da manhã que não vai acontecer nada de mal." "Ora, o transporte aéreo é o mais seguro que existe, muito mais que atravessar uma rua." "Eu tenho feito bem o meu trabalho, e se o patrão estava sério, ele teria seus outros motivos."

Ou, como nem poderia passar pela cabeça do meu amigo: "Nós já temos esse terreno há setenta anos, e ele nunca foi uma área de risco. Por que me preocupar agora?" Nem poderia, nem passou. Ele, sem saber, estava usando um modulador da negação chamado *probabilidade*.

Não há nada garantido nessa vida (exceto a morte e os impostos). Eu moro numa vila. Passam helicópteros por cima. Quem me garante que um dia desses... Ninguém, certo? Mas as probabilidades são pequenas de eu acordar (ou não) com um aparelho em cima do meu telhado.

Por outro lado, se alguém for atravessar a rua fora da faixa de pedestres, com uma venda nos olhos, suas probabilidades de morrer atropelado são altas, mesmo que ele diga que Santa Caropita o protege e que nada vai lhe acontecer.

Ele estará exagerando na *negação* e desconsiderando as *probabilidades*. Ou seja, ele estará prejudicado no seu *software* de bom funcionamento. Em outras palavras, o pobre coitado está com algum parafuso solto, meio pirado, ou andou bebendo água que passarinho não fuma, ou coisas que tais, capazes de provocar desarranjo no delicado equilíbrio que o nosso cérebro precisa para funcionar: avaliar a realidade e saber o quanto é necessário levá-la em conta e o quanto é necessário descartá-la.

GENES DO VÍCIO

Ela chegou ao escritório do advogado e foi dizendo que queria se separar. "Quantos anos a senhora tem?" Tinha 75 e estava casada havia 52 anos. O advogado, pasmo, quis saber o porquê. "O pai do meu marido era alcoólatra, por isso ele jurou que nunca ia pôr uma gota de bebida na boca. Cumpriu a promessa até três anos atrás, quando se aposentou. Os amigos cervejeiros disseram que agora ele podia, e ele começou a beber. Agora chega em casa de porre e me bate. Quero me separar!"

Essa história, verídica, é assustadora. O filho intuiu que tinha uma herança maldita, fez de tudo para que ela não o atingisse, mas deu mole aos 47 do segundo tempo... e tomou um gol!

Ouvi dizer, há tempos, que havia um gene para o alcoolismo, e não acreditei. Depois de conhecer essa história, fiquei embatucado. Anos de clínica mais tarde, entendi que hereditário não era o alcoolismo, mas os vícios em geral. Fui tomando contato com uma multiplicidade de vícios, uns comuns, outros insuspeitados: tabagismo; consumismo; sadomasoquismo; jogos variados a dinheiro (cavalos lerdos; mulheres ligeiras; roleta; pif-paf; bingo etc.); drogas lícitas ou não; "donjuanismo" (o vício de conquistar alguém, que chega ao clímax e se extingue com a própria conquista), que nos Estados Unidos é confundido com vício do sexo; *winner-loser* (em tradução livre, o vício do jogo "fodão-merda", em que alguém precisa se afirmar como melhor humilhando o outro, por pura insegurança); e tantos outros.

O que é vício? É um comportamento compulsivo (mais forte que você), repetitivo, que vai contra os seus interesses mais prezados, que te autodestrói, que te humilha aos seus próprios olhos, mas que dá um prazer imediatista, uma ilusão de grandeza, uma sedução de acreditar que os problemas do mundo se foram.

Ele pode ser tão genético quanto a depressão. A depressão é um mecanismo de defesa contra os horrores do mundo: se o estresse é grande, o sistema entra em pane, e ficar debaixo das cobertas pode ser necessário.

Aqui, um esclarecimento sobre o estresse, tão falado e tão mal compreendido. Ele é um longo estado de angústia provocado por uma ou mais das seguintes fontes:

1. Ameaças (de morte; de violência física ou moral; de se dar mal na vida; de parecer ridículo; de perder o amor das pessoas queridas; de perder a boa reputação).
2. Sentimento de culpa (causado por neurose; por ter se dado bem na vida enquanto sua família e seus pares ficaram para trás; por acreditar em pecados e guardá-los em segredo; por trazer crimes em sua consciência).
3. Sentimento de raiva contida (de impotência diante da injustiça; por medo do patrão, de pessoas poderosas, mães, cônjuges e outros).

Aí pode entrar o vício como uma espécie de remédio. De fato, o alcoolismo é o remédio mais comum contra a depressão. É meio tragicômico, mas vários pacientes recusam antidepressivos (porque podem viciar) enquanto aceitam o álcool e a cocaína como remédios "naturais" com que aliviam suas dores. Não os recrimino. Eles viram seus pais caretas tomando Valium e não querem virar pessoas iguais a eles.

É um tanto trabalhoso convencê-los de que o antidepressivo é uma ferramenta para que mudem suas vidas. Porque os antidepressivos são não naturais, são "químicos" diferentes. Naturais mesmo (atenção, naturebas) são a depressão e os vícios, uma dobradinha milenar, com um agravando o outro.

Estou me lembrando de um amigo clínico que, perguntado por uma cliente com infecção se ele não tinha uma coisa mais natural que o antibiótico para tratá-la, respondeu:

– Não há nada menos natural do que um antibiótico, cuja tradução é "contra a vida". Mas é contra a vida do germe e a favor da sua. Se a senhora tem peninha dos germes, bem, a senhora procurou o médico errado, mas arque com as consequências de fazer bem a eles.

Quem sofre de vícios (é, são uma doença cerebral) deve avisar a seus filhos que herdaram o gene que correm risco ao brincar com fogo.

E, sinto muito, ainda não inventaram a pílula da moderação. O único remédio para o vício continua sendo a danada da abstinência.

SOBRE A MORTE

O ser humano é o bicho mais esquisito sobre a face da Terra. É o único que sabe que vai morrer. A morte e o que ela faz com nossa cabeça antes de acontecer (já que depois é outro assunto, para debate em outro lugar) são o tema deste capítulo.

A morte dos outros nos afeta em diferentes graus.

Se somos impotentes, como no caso do tsunami do Japão, há um momento de compaixão seguido da mais total indiferença (cremo-nos imunes a tsunamis, logo...) e mesmo algum fascínio pelas estatísticas (quantos graus na escala Richter? Quantos mil mortos? Quero ver de novo no Youtube). As torres gêmeas até hoje parecem filme de ficção.

Se a morte nos atinge por proximidade, pois poderia acontecer com nossas crianças (como o incêndio na boate de Santa Maria), a aflição e o fascínio são maiores (vendem jornal como pão quente), a vontade de ter uma explicação é maior, para que possamos dizer "isso não aconteceria com os meus". São os mecanismos de defesa operando.

Se atinge uma pessoa jovem e querida, como a Lady Di, o Ayrton Senna ou o James Dean, mesmo sem conhecimento pessoal, sentimos dor.

Nós "amávamos" a pessoa, ela nos parecia íntima. Isso nos leva ao luto, que é o processo de digestão da perda. Choramos. O choro é um resíduo do nosso tempo de crianças, quando nossas dificuldades não podiam ser expressas em palavras, éramos impotentes diante dos incômodos, da dor, da fome, da raiva. Quando essa impotência se repete, choramos. De resto, choramos de pena de nós mesmos.

Se a morte atinge um velho da família, quanto mais próximo, mais luto. Morte longa, Alzheimer, câncer doloroso: pouco luto ("descansou"). Morte súbita: mais luto, quanto mais viva e próxima for a pessoa.

Agora a coisa fica dura: morte de filhos. Os americanos, que amam estatísticas, fizeram uma curva de dor em relação a isso. Se você perde uma gravidez de até três meses, a dor é basal ("a mãe natureza não quis"). Quanto maior o tempo de gravidez, maior a dor.

Nascido o bebê, a dor dá um salto, e a curva cresce a partir daí. Seu ponto máximo é a perda de um filho homem de 20 anos que não procriou (se ele teve filhos, a dor é menor) e morreu de acidente.

Por que um filho homem? Raciocinam os neodarwinistas que você estará perdendo uma descendência maior do que se fosse uma filha (por razão semelhante à daqueles chineses que matam o bebê se nasce menina).

A partir daí a curva da dor se estabiliza, para começar a cair se o(a) filho(a) passou dos 35 sem procriar. São razões contempladas pela economia psíquica: você investiu tempo, trabalho, dinheiro e afeto, e seu investimento sumiu num estalar de dedos.

Produz-se a primeira dor do luto: um vazio horroroso ("Ó pedaço de mim, ó metade arrancada de mim" – Chico Buarque). Tão horrível que pode provocar uma negação desestabilizadora da mente ("a saudade é arrumar o quarto do filho que já morreu" – da mesma música, "Pedaço de mim"). Depois da negação, a segunda fase do luto são as lágrimas do reconhecimento, quando o sentimento de dor, de impotência e de pena de si mesmo tomam conta. Há quem fique aí, há quem se deprima, há quem resolva seguir o morto, pois não se recupera do vazio (como um companheiro que perdeu a companheira de décadas e não vê mais sentido na vida).

Quem conseguir passar por essa fase entrará num momento belo: a herança afetiva. Aquilo que foi investido e vivido passa a ser olhado não mais como uma perda, mas como nosso patrimônio histórico, memórias que guardamos com carinho. Ou, nas palavras de Álvaro Moreyra, "mais triste do que ter saudades é não ter do que ter saudades".

IMEDIATISMO

O Homer Simpson entrou no mercadinho do Apu e deu um jeito de ver, contra a luz, um bilhete de raspadinha de US$ 500, bastava levar ao posto de troca. Chegou na caixa com o bilhete e viu uma barra de chocolate. Tanto o bilhete quanto a barra custavam o que ele tinha no bolso: US$ 2,50. Teve uma crise de dúvida... mas comprou o chocolate e devorou-o na hora.

O que isso tem a ver conosco? É que nossa espécie é a única capaz de pensar a longo prazo, de antever (ai de nós, inclusive nossa própria morte). Resulta disso que estamos sempre em uma discussão interna entre o que Freud chamou de princípio de prazer e de princípio de realidade. O primeiro é mais primitivo, mais animal, mais instintivo, é aquele que diz dane-se para a camisinha, porque o momento é de loucura. O segundo é mais complexo e reflexivo, capaz de pensar em consequências, e, portanto, pensará em gravidez e em doenças venéreas, o que levará ao uso da camisinha. No primeiro, somos nós manipulados pelos nossos genes. No segundo, somos nós usando esta esquisitice com que a natureza nos dotou: a consciência.

Você já pensou que pode ser um velho pobre? Haverá destino mais cruel do que ser um velho pobre, na melhor das hipóteses jogado num asilo pelos parentes, para esperar a morte? É uma desgraça, mas estamos vivendo vidas cada vez mais longas, nada de morrer com 30 anos, como na idade das cavernas. Você tem 60? Pode bem ter mais trinta anos pela frente!

Digo isso porque vejo estar na moda o tal do "viver o presente". Paro e penso: quem vive o presente? Só quem sofre de Alzheimer, pois não tem mais capacidade de acessar seu passado nem de projetar seu futuro. O brócolis vive o presente, e ainda bem que não sou um. Quando como uma fatia de bolo de milho com leite de coco, junto com a delícia do sabor estão as memórias de brasilidade, de orgulho de nossa cultura, de Dona Benta e tia Nastácia, personagens do meu passado que me dão mais água na boca, que alimentam meu espírito. Eu sou melhor pessoa depois dessa experiência porque vejo beleza nela, porque tenho memória e capacidade de escolher os rumos de minha vida.

Como? Rumos de minha vida a partir de um bolo de milho? É porque ele é um ícone dos meus desejos, da minha estética, da minha ética. Sabe esses ícones da tela do computador, você clica duas vezes e abre-se um enorme arquivo? Pois o arquivo que se abre contém algo diferente do imediatismo, contém a vontade de repassar essa beleza ética-estética a meus filhos, o valor das coisas bem-feitas, da cultura, da antevisão do que pode ser construído, do que se pode evitar ser destruído, do desfrutar essa qualidade da natureza humana que é o antever, o projetar, o construir um futuro melhor, mais justo, mais generoso conosco e com os outros, e como faz bem a nós mesmos o ser gentil, ser generoso, cuidar dos outros enquanto cuidamos de nós mesmos. Produz dignidade! Lembram-se desse valor? Dignidade e integridade, algo que só pode ser alcançado se preferirmos nossa capacidade de antevisão ao pensamento imediatista.

Sorry, Homer.

COMPLEXO DE ÉDIPO

"Mãe, eu não quero ir à escola. Os alunos são chatos, os professores são chatos, tudo é chato." "Meu filho, você já tem 53 anos, é diretor dessa escola, você TEM QUE IR À ESCOLA!"

De fato, quando se pensa em complexo de Édipo, logo se imagina uma cena como essa, ou pior, filhos erotizados com as mães ou filhas com os pais (que essa história de complexo de Electra foi o Jung que inventou, e Freud se irritava, pois achava que não havia por que dar nome novo, já que tinham o mesmo princípio), vendo o pai (ou a mãe) como rival, possessivos com seus amados.

Pois em 35 anos como psicanalista só encontrei dois homens que se recordavam de ter sentido atração sexual por suas mães em algum período de suas infâncias, e elas tinham sido ativamente sedutoras. "Ah, mas é inconsciente reprimido." Não me venham com essa porque o inconsciente reprimido deixa rastros, e é função do psicanalista deduzi-lo a partir desses traços. E não desencavei essas "memórias ocultas" em nenhum cliente.

Mas o conceito psicanalítico de complexo de Édipo diz respeito à natureza humana porque ele consta da lista de comportamentos universais, encontráveis em qualquer tempo, em qualquer cultura do mundo. Essa lista está no final do livro *Tábula rasa*, de Steven Pinker (Companhia das Letras, 2004).

Então, o que é o tal complexo de Édipo, e por que ele é universal? Foi um lance genial de Freud chamá-lo de Édipo, pois tudo está contido em sua história. Vamos lembrar a peça de Sófocles, que conta o mito. Nasce um príncipe. Seu pai vai à astróloga da época (o Oráculo de Delfos) para saber do futuro da criança. Ela lhe prediz que, uma vez crescido, o pequeno vai matar o pai e se casar com a mãe. Horrorizado, o rei o entrega a um escravo para que ele dê um fim no bebê. Penalizado, o escravo o larga com os pés amarrados (Édipo significa "de pés inchados") na floresta e volta dizendo "dever cumprido". O pequeno é achado pelo servo do rei vizinho, que, sem filhos, adota-o como príncipe (mas não conta nada). Crescido, Édipo tem a péssima ideia de consultar a mesma astróloga sobre seu futuro. O que ouve? Que vai matar o pai e se casar com a mãe. Apavorado com a possibilidade, o príncipe foge. Logo para Tebas (seu reino de origem), ó desastre. Daí para frente é só desgraça: mata o pai, casa-se com a mãe (biológicos) e quando uma peste se abate sobre Tebas, descobre a trama toda e conclui que a culpa é dele, pobre idiota...

Você reparou que a criança foi sacaneada do começo ao fim? Que sua vida esteve sempre atrelada à dos pais? O complexo é, pois, fruto de uma invasão bárbara daqueles que teriam como função prepará-lo para ter vida própria, e não viver a dos pais.

Acontece também que temos como característica genética o apego à forma jovem, curiosa, inventiva, sempre animada em aprender, e é bom que permaneça assim pela vida afora, desde que se desenvolva autonomia. Para isso precisamos de pais que cuidem de nossas necessidades (declinantes) e estimulem nossas capacidades (ascendentes) para que alcemos voo na vida. Mas isso é raro. Afinal, o diretor que odiava a escola nos é comicamente familiar.

HUMILDIFICADOR

Em uma de suas crônicas, Joaquim Ferreira dos Santos elogia um aparelho imaginário que nunca construí, mas que inventei: o humildificador. Ele é simples: traz a pessoa à sua devida desimportância, deixando-a feliz e livre para expor seus pensamentos, sabendo que eles não são assim de tamanho a mudar o mundo, que são opiniões pessoais, mesmo que defendidas com lógica irretocável.

Faço uso dele a cada vez que escrevo para você. Seus raios são amorosos, companheiros e gentis. Eles dizem que estou fazendo o bem, mostrando aspectos da natureza humana que você não tinha levado em conta e poderiam te meter numa roubada daquelas, ao mesmo tempo em que me mostram como é gostoso fazer o bem, que ele se paga em si.

Mas, enquanto sou despretensioso na forma literária (só quero que me entendam), sou ambicioso em mostrar coisas não pensadas que possam ajudar o leitor a se sentir mais dono de si. Foi quando o artigo tão carinhoso comigo do Joaquim me provocou a demonstrar a diferença de dois aspectos de nossa natureza *completamente opostos entre si.*

Falo da humildade e da humilhação. É, estou entrando dentro da complexidade do cérebro humano. Acontece que o Joaquim, que tem site, blog e essas tais coisas modernas às quais ainda não me adaptei, tem recebido pedradas, escárnios e insultos dos leitores numa tal "caixa de comentários", a que fui apresentado por ele, e que ele considerou que fosse o humildificador "digital". Ora, telefonei para ele dizendo que discordava radicalmente de sua tese.

Meu modesto humildificador faz qualquer coisa, menos humilhar alguém. Ele diz que a humildade é uma virtude e que a humilhação é um insulto. Que ela só desperta a indignação (o ódio contido) ou mesmo um estado depressivo. Que essas pessoas pusilânimes, ocultas em seu anonimato covarde, obtêm o gozo sádico descrito por Bataille (quando o artista – seja plástico ou escritor – se descobre medíocre e apela para a repugnância como expediente patético de se fazer notado), conquistando o triunfo efêmero de ferir o famoso, destilando seu ódio e sua inveja por não serem capazes de uma produção semelhante. É como a glória do pichador de monumentos: para seu pequeno palco, ele obtém seus quinze minutos de fama: "Que lindo! Ele escatologizou o belo, frente à incapacidade de produzi-lo."

Há um capítulo de um de meus livros (*O aprendiz do desejo*, 7 Letras, 1997) intitulado "O dilema fodão-merda", que penso ser a propósito desse tema. O inseguro tem sua oportunidade de sair do sentimento de ser um merda através de tentar fazer com que o cronista se sinta como tal. Ele descobriu no outro um defeitinho para lhe puxar a orelha, nem que seja uma vírgula mal colocada.

E até o Chico Buarque, que caiu na besteira de pôr uma caixa dessas em seu novo site, descobriu-se odiado, tais as barbaridades que leu lá.

A isso se dá, em alemão, o nome de *schadenfreude* (alegria com o sofrimento dos outros). É uma triste contribuição da internet, entre outras tão boas. O meu humildificador é o oposto disso.

IDENTIFICAÇÃO

Lá estava eu, em 1973, um jovem de 25 anos, querendo saber qual era o melhor serviço de gastroenterologia do Brasil para fazer minha formação (antes de ser psicanalista, fui gastroenterologista por cinco anos). Informou-me um médico respeitado que eu deveria procurar o professor Fernando Alvariz no hospital de Bonsucesso, RJ. Não havia nada melhor no Brasil. Pedi ao professor para fazer com ele um estágio de um ano. Ele foi me avisando: não podia dar certificado, pois o INSS poderia ser processado por vínculo empregatício. Não me interessava ser empregado, e sim aprender com ele.

Esse foi o ano da minha libertação da escolaridade: nunca mais teria que estudar coisas indesejáveis. Só estudaria aquilo de que gostava. Foi assim que passei a estudar como nunca havia estudado: por gosto! Primeiro gastroenterologia e doenças do fígado, que é a parte mais difícil da especialidade, e o xodó do professor, formado pelo Dr. Popper nos Estados Unidos, o *nec plus ultra* (do latim, "nada acima disso") mundial das doenças do fígado, na época.

O que isso tem a ver com o processo de identificação? É que esse processo é capaz de formar nosso Ego (Eu, em latim) e nosso Superego (Acima de mim). Se, pela sua educação, você foi obrigado a entubar conceitos odiados, posturas autoritárias, críticas ácidas, humor sarcástico demolidor, discriminações de superior e inferior com soberba, autocríticas demolidoras, ideias catastróficas, pensamentos paranoicos, olhar amargo sobre a humanidade, além de amarguras em geral, bem, formaram em você um Superego cruel (o superego, em sua origem, é um programa protetor do que nos pode pôr em perigo, parte de nossa defesa).

Outra coisa completamente diferente é a formação do Ego, um programa de *software* que roda em nosso cérebro, dando-nos a sensação de que existimos, e que sabemos que existimos, talvez a prerrogativa de nossa espécie, o homem que sabe que sabe (*Homo sapiens sapiens*).

O Ego é formado por encaixe de nosso desejo com coisas que ele aprecia. Como já expliquei antes, o desejo não é a mesma coisa que a vontade, é uma trama muito mais complexa. Ele começa com nossos instintos animais e vai se enriquecendo com aquilo que o atrai. A admiração é uma dessas coisas. Mas tudo começa com a imitação. Pense no nosso aprendizado da língua: imitamos o português que ouvimos – sotaque; sofisticação ou falta dela; riqueza ou pobreza vocabular.

Depois da imitação vem a elaboração. Ela é também um conjunto de imitações diversas que vão compondo uma construção sofisticada, como uma trama de tecido sem costuras, já não se sabe de onde se tirou cada pedaço, de tal maneira que o produto final, o Eu, torna-se autor. Não é mais cópia. Apesar de ser identificação, não é algo idêntico. É algo que tem existência própria.

O processo de identificação por gosto está avançando (já que ele não termina nunca) enquanto a identificação por imposição (que forma nosso superego) vai recuando.

Freud o considerava como a base da construção do sujeito (se lembra da gramática: sujeito, verbo e predicado? *Eu*= **sujeito;** *escrevi*= **verbo;** *este artigo*= **predicado**), do Eu, pois não mais orbita em sua origem, ainda que a reverencie como exemplo, o que faço com o Prof. Alvariz.

Dessa maneira venho construindo um Eu (Ego) cada vez mais sintonizado com minhas características genéticas e culturais, e cada vez mais me livrando das invasões bárbaras que povoaram meu superego através de crenças erradas que adquiri na infância (na época, por exemplo, eu acreditava que a masturbação condenaria minha alma ao inferno por toda a eternidade, hoje não acredito mais nem no inferno nem na alma) e que me fizeram sofrer, principalmente de sentimento de culpa.

O CÉREBRO

E a seleção natural criou o cérebro humano. Mas, por favor, não se engane. Apesar de se parecer com um título de filme do Roger Vadim, *E Deus criou a mulher*, com a Brigitte Bardot, uma coisa é uma coisa, e outra coisa é outra coisa. Quando se trata de nós, deveríamos dizer "da seleção natural, sobrou o cérebro humano".

Melhor dizendo: você já entendeu que, se tomar pouco antibiótico, sobrará um germe resistente, não é? E esse é duro de matar. Pois foi isso que aconteceu conosco. Os parecidos com a gente (antropoides: antropo = homem + oides = com forma de), que vieram da África, foram sendo peneirados pela adaptação (uns eram uns idiotas que não tinham medo do escuro: foram devorados e não deixaram descendentes, e assim por diante), outros descobriram que podiam dividir caça (machos) e coleta (fêmeas). Elas cuidavam da rede social que partilhava informações sobre melhores frutos e melhores maneiras de cuidar de suas crias.

De algum modo, gestual, gutural ou finalmente verbal, foi surgindo a cultura. Pense a cultura como algo que se cultiva, como plantas ou vacas, histórias e ensinamentos passados de uma pessoa para outra, de uma geração para outra, mesmo antes de haver escrita, aquilo que você lembra que sua avó contava, que você via na cozinha, no jeito de fazer pamonha.

Pense em *memória*, o milagre do cérebro humano (não é exclusivo, é só ver os cães) extraordinariamente exponenciado.

Tenho um livro, *1001 invenções que mudaram o mundo* (Arqueiro, 2011), que mora em um lugar especial de minha casa para que eu leia uma invenção de cada vez. Vejo ali a soma ancestral das memórias da humanidade, que não mudaram o mundo, mas mudaram nosso cérebro.

Ele se tornou mais e mais complexo. O livro não fala de uma complexidade paralela muito maior, que é a do desenvolvimento da nossa consciência, da percepção de que vamos morrer, de um vazio tremendo que só pode (ou imaginamos que possa) ser preenchido com a companhia de alguém mais, um derivado do mais forte dos comandos da seleção natural: a procriação.

No nosso caso, o sexo. Sim, porque em outras várias espécies o sexo é dispensável. Por definição, o sexo é um método de procriação que supõe o encontro de dois gêneros e a negociação entre eles para que se acasalem em benefício de uma prole melhor (mais geradora de prole), e a negociação é sempre dura, seja entre pavões, seja entre você e aquela criatura.

Mas isso são as forças dos genes. E se você quiser ser solteiro e estudar grego clássico? Qual o problema, neste mundo superpovoado? Você já pensou que somos sete bilhões de humanos sobre a Terra? Vá em frente! Pense que você é um indivíduo, e não uma formiga. Se quiser ter família, ótimo. Se não, uma vasectomia não é nada mais grave que uma ligadura de trompas, coisa que ninguém estranha. Que uma coisa é ser fruto da evolução de milhões de anos que produziu essa coisa estranha que é um cérebro pensante, e outra coisa é ser dono desse cérebro. Ser dono do cérebro é ser capaz de contemplar conscientemente as forças da natureza que nos empurram num sentido de que nem sempre gostamos.

Ser dono de um cérebro é, a partir disso, poder tentar um rumo diferente, mais de acordo com o indivíduo que esse mesmo cérebro tornou possível existir.

O SENTIDO DA VIDA

Do ponto de vista da mãe natureza, nós já nascemos com o sentido da vida embutido em nossos *softwares* cerebrais, completamente pronto.

Dizem os genes masculinos para os seus portadores: "Procrie o mais que puder com o maior número de mulheres possível, escolhendo sempre as mais belas, as mais jovens, as mais dóceis, as mais inteligentes e as mais atenciosas com suas crias. Dê alguma atenção e ajuda a elas para que suas crias não sejam prejudicadas, mas nada que te impeça de partir para a próxima. De preferência, tenha um harém bem cuidado por eunucos (você não vai querer criar filhos de outros, claro) e vá incorporando novas pelos mesmos critérios. Para isso, você precisa se preparar desde o início da vida: torne-se belo, forte, alto, inteligente, mas sobretudo rico e poderoso. Lidere guerras que possam tomar do inimigo (qualquer outro homem) suas posses e suas mulheres, pois isso te enriquecerá e encherá teu harém mais ainda (um sultão do século XIX teve 840 filhos, um exemplo de homem comandado por seus genes). Se a política do teu país te obrigar à monogamia, drible-a, sendo um polígamo seriado, vá se casando e se casando novamente depois de separado: você tem dinheiro para sustentar oito ex-esposas e suas crias, e você tem tempo para isso, já que os homens não envelhecem, podem continuar acumulando dinheiro e poder, além de serem férteis até a morte."

Dizem os genes femininos para as suas portadoras: "Procrie o mais que puder com os homens mais belos, altos, fortes, inteligentes, agressivos, mas sobretudo ricos e poderosos. Se possível, case-se com um deles e cuide para que ele te prestigie e te dê garantias de provimento, para você e suas crias pelo maior tempo possível. Se você não conseguir um topo de linha, pode se casar com um mais ou menos: você sempre pode se oferecer e procriar com o patrão dele sem que ele saiba, e colher bons genes poderosos para suas crias, desde que a aparência delas não seja testemunha da sua traição. Prepare-se para isso: comece cedo, você não tem muito tempo, e juventude é seu maior cacife. Procure ser bela e, o sendo, pareça recatada: isso aumenta seu preço de compra e ilude o homem com presumida fidelidade sua. Não conseguindo ser bela, pode ser atirada e oferecida, mas procure parecer bela, usando todos os expedientes ao seu alcance para isso. O mesmo serve para a idade (velhas nunca foram símbolos sexuais): pareça sempre jovem. Malhação, plásticas e pintar os cabelos servem a isso. Cuide bem de suas crias, pois serão raros os homens que se preocuparão com isso."

É... a natureza é cínica e cruel para atingir seus objetivos. Ao ponto de os biólogos dizerem que a galinha é uma máquina inventada pelo ovo para fazer outros ovos.

Mas nós somos um bicho que pensa, que deseja ética, que filosofa e que, portanto, busca um sentido na vida que difira daquele dos genes. Isso resultou em inúmeros "sentidos da vida" criados por nós, mas meu objetivo era falar do que ninguém fala: da natureza humana, essa força poderosa que carregamos sem saber.

Outros sentidos a vida mesma não tem. Somos nós que damos a ela a partir do nosso desejo. Tiramos dele um cabo de força e iluminamos um objeto, uma ideia, um tema, uma atividade que conosco se encaixe. Há quem goste de cuidar e de ensinar, eu mesmo sou um, e este livro faz parte dos gostos que iluminam minha vida. Se eles se encaixarem bem no seu desejo, sua vida se encherá de sentidos.

O QUE QUEREM AS MULHERES

"O que, afinal, querem as mulheres?" Essa frase ficou célebre como a questão que Freud não soube responder. Recentemente, os psicólogos evolucionistas (que usam as teorias de Darwin para entender o comportamento humano) acham que resolveram o enigma:

"As mulheres querem casamento, garantias e prestígio."

A primeira vez que li tal frase, achei-a de um machismo absurdo. Foi preciso me lembrar de que eles, os psicólogos, falam do desejo genético, da força da natureza atuando em nós de maneira inconsciente.

Quais são seus argumentos para fazer tal afirmação? Eles dizem que tudo se resume à procriação. Enquanto para um homem, o procriar se reduz a alguns segundos, para uma mulher ele pode se estender em uma trabalheira de muitos anos e em uma necessidade de muita, muita ajuda. Que o processo foi se gravando em nossos cérebros durante milênios de vida dura na savana africana, onde a ajuda do homem era ainda mais necessária para a alimentação e proteção.

Mas... casamento na savana? Claro, não no conceito que temos hoje, mas um homem que privilegia uma mulher (ou um pequeno grupo delas) e suas crias, sim, e daí a demanda por prestígio e a disputa por ele, por isso o ciúme e a competitividade entre elas. O quesito "garantias" viria da tendência desse grupo de mulheres a olhar esse homem como de sua propriedade e agir com se tal fosse, "cercando-o", para garantir que o alimento e proteção se mantivessem voltados para elas.

E hoje em dia, poderíamos ver os vestígios desse desejo natural em operação? Acho que eles abundam. Senão vejamos: a despeito do movimento feminista, a imensa maioria das mulheres continua sonhando em se casar e ter filhos. E logo, pois sabem que o relógio biológico não perdoa e que a juventude é seu bem mais precioso. Tem peça de teatro chamada *Sou infeliz, mas tenho marido.* Elas se queixam de "os homens não quererem compromisso". Elas pedem para que eles definam "a relação". Elas buscam apresentá-lo às amigas, à família (essas consolidações externas do "casalzinho" são formas de garantias), elas pedem presentes ligados a datas (um mês de namoro etc.), que são demonstrações de prestígio. Elas gostam (muito mais que os homens) de andar de mãos dadas, como para marcar território. Elas se interessam pelo poder e pela condição financeira do homem em mira, portanto não é tão importante se ele é grisalho ou não (são raros os homens que pintam os cabelos, ao contrário das mulheres), isso se liga à sua capacidade de ajuda e proteção.

Nos Estados Unidos, o *proposal* (pedido em casamento) é o clímax da vida de uma moça, é quando ela recebe *the rock* (um anel com um diamante), o símbolo máximo da garantia e do prestígio que a promessa envolve.

É curioso ver que o principal ciúme das mulheres será de prestígio, e não sexual. Elas terão ciúmes da televisão, do carro, do futebol, dos amigos, do computador, da filha que ele tem do casamento anterior (e do dinheiro que gasta com ela). Enfim, tudo indica que a savana africana permanece pouco alterada em nossas mentes.

O paradoxo é que elas não ficarão felizes se tiverem um sólido casamento, toneladas de garantias e de prestígio. Tenderão a olhar o homem que lhes fornece tudo isso como um bobão, um sujeito que não é pegador nem cafajeste. Irão desprezá-lo.

Como entender que elas rezam por algo, mas suas preces não podem ser atendidas, senão a custo de suas felicidades?

Aqui entra outro truque perverso da natureza humana e da seleção natural: o homem "papai" (como são chamados aqueles que investem numa só mulher e nos filhos, com todo o coração) não é bem-visto pelos genes femininos. Repare bem no que eu disse, não é pela mulher, mas pelo comando de seus genes, que têm interesse diferente delas. Esses genes egoístas (como os chamou Richard Dawkins) querem filhos de homens pegadores, cafajestes e poderosos. Filhos do sultão de grande harém. Porque esses filhos gerarão uma descendência maior, e o tal do "crescei e multiplicai-vos", antes de estar escrito no Gênesis, estava, está e estará escrito em nossos genes.

HISTERIA

A amiga pergunta o que leva as mulheres a gritar, se descabelar e chorar diante de um Justin Bieber da vida. É histeria? Anos de treino de pensamento complexo quando se trata do cérebro humano produzem a primeira resposta automática: "Nunca é uma coisa só, mas a pergunta é ótima, não havia pensado a respeito."

Ela já está acostumada a que eu leve uns dias até começar a produzir respostas (ou melhor, hipóteses). Elas virão grifadas. A primeira é histórica: nunca antes de Frank Sinatra (anos 1940) houve esse tipo de manifestação, donde, para durar até hoje, ele é mais que um modismo, é uma **alteração dos costumes**. Está certo que mulheres desmaiavam frente ao Lord Byron (que unia a fama a uma beleza ímpar), num tempo em que era moda desmaiar, coisa não muito difícil para quem usava aqueles espartilhos. Tempos dos sais de cheiro ("Ai, meus sais" se referia aos sais de amônia em vidrinhos que elas carregavam nas bolsas, tão irritantes ao olfato que as despertavam de fato).

O curioso é que, quanto mais da alta classe, menos elas desmaiavam. O que nos leva ao componente do **inatingível**. Ora, Byron lhes era atingível (a elas e aos rapazes, que também lhe apreciavam). É também certo que houve uma epidemia de suicídios quando Rodolfo Valentino morreu. Um ato solitário, o que nos leva a outra hipótese: a **manifestação de turba**, ou seja, há a **necessidade exibicionista** de espectadores para o transtorno.

Ao mesmo tempo ocorre a existência das *groupies*, moças que acompanham turnês de **ídolos**, contabilizando e disputando o número daqueles para quem se entregaram sexualmente. Agora sim podemos considerar o componente erótico do processo.

A histeria foi descrita por Freud como a manifestação sintomática da repressão do desejo sexual: desmaios, paralisias e cegueiras eram comuns no século XIX e começo do XX, como reação ao horror de ver seus desejos sexuais aflorarem, majoritariamente entre as mulheres, assim como os desvarios atuais se repetem quase que exclusivamente entre mulheres e homens gays, o que nos dá que é uma característica do **feminino**.

Vamos então ao que elas dizem: que são **apaixonadas** por seus **ídolos**. Ora, a paixão é um estado em que a pessoa se envolve não com alguém, mas com a **idealização** de alguém. Some-se o ídolo (o superidealizável dada sua inacessibilidade) com a sacralização do desejo sexual que a paixão produz (e isso ainda é uma presença forte para que uma mulher não se confunda com uma prostituta), e você terá as condições necessárias para demonstrações de **adoração**, que adoçam as manifestações de tesão.

Mas ainda falta a alteração dos costumes. Por que só após Frank Sinatra, só no final dos anos 1940? Minha hipótese está no clima do pós-guerra. Mulheres ficaram sozinhas, trabalharam, sustentaram suas casas, tiveram inúmeros casos extraconjugais enquanto seus maridos lutavam, ganharam independência e prerrogativas masculinas. Estavam em condições de demonstrar seus desejos, e os mostraram. A primeira revolução sexual foi o pós-guerra, não a pílula.

Mas, você poderia perguntar, o que isso tudo tem a ver com a natureza humana? É que a histeria tem a ver com um conflito que as mulheres têm com seu desejo sexual. Se o mostram claramente, correm o risco de ficarem desvalorizadas socialmente, como promíscuas não confiáveis para gerar filhos que sejam realmente do marido, já que o ciúme masculino é principalmente sexual e tem a ver com o medo de criar filhos de outros homens sem sabê-lo.

Mas se uma mulher nunca expõe seu desejo, nem na segurança de um homem comprometido com ela, corre o risco de não ser desejada, de ser abandonada. Ou seja, o gerenciamento do desejo sexual sempre foi mais complicado para as mulheres, que se veem obrigadas a usar o cérebro consciente (daí os joguinhos de negação e entrega) mais que o animal, e um atrapalha o outro.

A GRANDE TRAIÇÃO

Quatro amigos se encontram num restaurante quieto: eu, mais um anestesista cristão, adorador da lógica (donde, em perene e lindo conflito), um advogado e economista e um analista de sistemas, que calha ser meu cunhado (ó sorte, um cunhado de quem se gosta). O Guimas da Gávea é nossa ágora grega, onde estamos pelo prazer de pensar juntos.

Não quero saber de psicanalistas, quero diversidade de conhecimento científico. Somos neoiluministas, apreciadores da razão, sem achar que ela é a resposta para tudo, como os iluministas do século XVI pensavam. Hamilton, nosso advogado, dessa vez estranhou a valorização da virgindade, como as sacerdotisas vestais em Roma, e a associação da virgindade com a pureza, até nossos dias.

Quando o assunto é teologia, ética, filosofia ou epistemologia, o advogado e o anestesista produzem dados que nós, psicanalista e analista de sistemas (eu digo que ele é muito mais generalista do que eu, já que eu analiso apenas um sistema, a psique, e ele analisa múltiplos), questionaremos, abriremos para debate. É muito divertido e enriquecedor.

É como uma namorada minha reparou quando fomos de carro para Búzios (à paulista, dois homens na frente, duas mulheres atrás, nem sei se é a praxe paulistana, mas é assim que chamamos no Rio). Minha irmã dormia, minha namorada estava ouvindo minha conversa com o cunhado. Ela comentou:

"Vocês só falaram assuntos! Não falaram nada sobre os comportamentos das pessoas, discutiram sobre as vantagens do ciclo Otto sobre o ciclo Wenkel nos motores a explosão. Nós nunca falaríamos sobre isso!"

É coisa de homem, querida, assim são nossas conversas no restaurante quieto. É da natureza humana.

Pois então, colocado o assunto da virgindade, a bola estava comigo, aquele que, entre outras curiosidades, gosta de estudar a psicologia evolucionista.

A pior traição que um homem pode sofrer é criar o filho do cuco. O cuco é uma ave que põe seus ovos em ninhos de outros. O filhote do cuco costuma ser muito mais forte que seus "irmãos", e a primeira providência que toma é empurrá-los para a morte, comendo todo alimento que seus "pais" trazem.

Imagine agora um homem dedicado a criar um filho que não é seu, o bastardo. Anos de trabalho e de cuidados para alimentá-lo e educá-lo sem saber que é filho de outro homem. É completamente diferente da adoção, quando esse cuidado é por escolha, amor e com plena consciência.

É a maior traição que um homem pode sofrer. A mãe tem certeza de que o filho é seu, mas e o pai? Não por acaso, um judeu só o é se for filho de judia.

Eis por que a virgindade foi eleita como virtude: ela era o oposto da traição e da promiscuidade. O desvirginador era o pai, por certo. Isso antes dos exames de DNA. Mas essas modernidades levam tempo para entrar em nossa compreensão emocional.

A espécie tem que lidar com o problema que é o cio oculto: a mulher pode ser fértil 30 dias por mês, com maiores probabilidades em torno do 14º dia do ciclo. Não há controle possível. Estupros, violências contra a mulher e adultério aceleram a ovulação. O homem que cuida de sua mulher e de sua cria tem a vantagem de fazê-los se dar bem. Pela fertilidade, o cafajeste sempre levará vantagem. Mas a cria bem cuidada estará sempre em vantagem.

A ALDEIA

O ex-presidente Jânio Quadros foi abordado pela repórter:

- E aí, Jânio, o que há de novo?

- Esta nossa intimidade. Intimidade, minha jovem, só traz aborrecimentos e filhos, e eu não quero nenhum dos dois com a senhorita.

Ele zelava por um bem precioso que a moça tentava lhe tomar. A intimidade nos é algo tão caro que nem dada deve ser. No máximo, emprestada, com direito a devolução. Tomada de nós, jamais!

Olhe-a, portanto, como sua poupança, sua casa. Valiosa, pode ser bem aplicada, mas corre riscos. Ela passou a existir com o surgimento do indivíduo. Não me fiz claro: não é a partir do nosso nascimento, mas da criação do conceito de indivíduo.

Sua existência é uma novidade na história humana. Na aldeia primitiva, na tribo que não passava de 200 pessoas, não havia indivíduos. As pessoas eram empasteladas, todos se metiam na vida dos outros, não havia privacidade, não havia indivíduo, pois a falta de individualidade faz a privacidade não ter sentido (e a intimidade só existe em contraste com a existência da privacidade).

A aldeia homogênea continua na tirania das cidades pequenas, das tribos de adolescentes, dos colégios (o bullying patrulha diferenças), das religiões fanáticas: todos patrulham todos, para que todos sejam iguais. Formigueiros, colmeias, o ideal comunista da "igualdade", não a democrática de oportunidade e de direitos, mas a dos cupins, em que todos são células de um só corpo, o Partido. "A morte foi vencida! As pessoas não são mais que células, o que importa é o corpo." Até tiranos são iguais.

O aparecimento do indivíduo só foi possível com os direitos humanos, a democracia e as grandes cidades, onde ser anônimo cria a privacidade e protege a intimidade.

O personagem deste capítulo é um indivíduo. Único o bastante para não participar de redes sociais nem ter celular. Um pária, portanto: empresta sua intimidade para poucos escolhidos; conversa assuntos; não interrompe ninguém para atender ao telefone ou digitar mensagens. Estoico, resigna-se quando alguém menos íntimo o faz. É um homem de vida calma, apreciador das virtudes.

Adora carros desde criança. São, como diz, as esculturas contemporâneas que mais preza.

Resolveu vender o seu atual, que não é espetacular, apenas lindo. Sua irmã ofereceu-lhe a postagem da belezura em sua página do Facebook, vai que algum "amigo" se interessa? Ele, pária que é, sem entender nada de redes sociais, aceitou. Para quê? Choveram mensagens metidas a engraçadinhas, debochando dele e de seu carro. Uma em particular, chocou-o, pois vinha de alguém que ele tem em alta conta: "Fofo! Quanto você me dá para eu te livrar do elefante branco?"

Deu trabalho explicar-lhe que a internet serve para o bem, mas igualmente pode despertar, na massa linchadora, um bully nas melhores pessoas. Contaminadas pela moda, viram patrulhadoras das diferenças, num território livre para a inveja e o ódio. Aprendeu que há um lema nessas redes: *Haters gonna hate* (algo como "Odiadores odiarão").

Ódios sarcásticos e "espertos" ganham pontos como símbolo de status. As redes sociais podem dar vazão à tendência humana a se encarneirar e a transformar indivíduos em carneiros. Há nelas uma homogeneidade triunfalista, como se o dono tivesse uma revista *Caras* particular para exibir sua vida sempre maravilhosa.

O pecado desse personagem foi ter sua intimidade exposta. Mas não era nada pessoal, *just business*, como diz outra comunidade homogênea, a máfia.

ME ENGANA QUE EU GOSTO

"Eu prefiro sonhar a ser triste", disse o portuga da novela para Griselda, seu amor impossível. É, eu vejo novela de vez em quando, já que é a principal fonte de reflexão sobre assuntos nunca pensados pela maioria dos brasileiros, além de influenciar, por identificação, o crescimento populacional (para menos), uma vez que os personagens nunca têm mais de dois filhos.

Raramente vi uma síntese tão bonita do "me engana que eu gosto" quanto essa.

Nossa espécie não gosta muito da verdade, apesar de ser capaz de concebê-la e assimilá-la, às vezes. É só pensar quantos creem na continuação da vida após a morte, mesmo sabendo que nenhum Windows roda depois que o disco rígido queima, que não há *software* sem *hardware* para fazê-lo funcionar, que não há alma que sobreviva a um cérebro morto (esta última observação gerou um comentário indignado cômico: "se você quer fazer metáforas tecnológicas, pelo menos se informe melhor, porque hoje em dia os *sofwares* ficam na nuvem." De fato, eu conheço uma "nuvem" em Milwaukee com cinquenta máquinas interligadas e uns milhões de terabites de capacidade). Você já tomou anestesia geral? Uma situação em que o cérebro fica inoperante? Então já experimentou o sentimento do "nada". Não há sensações nem memórias, não há nada. Você já experimentou a morte.

Quem somos nós? Um programa "Eu" que roda entre as conexões de nossos neurônios e nos dá a ilusão de existirmos. Entre outras ilusões: a de controle (tal coisa não existe, nem para atravessar uma rua: espere o sinal, olhe para os dois lados e *você estará aumentando suas chances de chegar vivo ao outro lado*); de sermos quem manda em nossas vontades, sem levar em consideração a natureza (pense nas vezes em que você transou sem camisinha).

Uma de nossas ilusões é o tamanho do livre-arbítrio (ou, escolha nossa, livre de condicionamentos culturais ou genéticos). Meus professores jesuítas diziam que Adão exerceu o livre-arbítrio ao comer o fruto da árvore do conhecimento e por isso foi expulso do paraíso. "Mas, padre, se o Criador lhe deu curiosidade, foi seu modelo ideal, pôs a seu alcance o instrumento de torná-lo semelhante a seu Pai, ainda com o poder de divergir da opinião Dele, o que restava a Adão, senão querer aquele fruto?" A ilusão do Livre-arbítrio inaugurou-se na mordida da maçã, à força.

Essa lenda é um marco histórico da eterna conversa entre a consciência e a autoilusão, que é o que nos permite ir às vezes mais para um lado (Copérnico, a dizer que não era a Terra o centro do Universo), às vezes para o outro (as várias maneiras de negar a morte, iniciadas há mais de 100 mil anos, com os rituais fúnebres, o que estabelece o começo de nossa espécie: sabemos que vamos morrer, mas "continuaremos vivos").

Você tem visto as propagandas eleitorais na TV. Preciso dizer mais em relação ao "me engana que eu gosto"? Está bem, nos últimos anos mergulhamos num clima de cinismo sem comparação, ministros corruptos são demitidos com lágrimas e elogios, mas mesmo assim...

A saúde mental combina uma confortável associação de busca da verdade e desprezo por verdades muito incômodas. Portanto, a crença na vida eterna não é nenhuma doença, e vivermos sem pensar na morte, pois estamos vivos, é um equilíbrio. Mas a obsessão pela morte a ponto de se explodir em nome de uma causa, para chegar ao paraíso, certamente é uma doença.

Um ditado dá num bom acordo: "A morte é um momento, e não me roubará da vida nada mais do que ela é, seu momento."

CLASSE MÉDIA

Ele nasceu na classe média alta (no Rio, significa ser rico). Frequentou os melhores colégios, andou de barco a vela da família (yacht, naquela época, e não iate, entendeu?), os Country Clubs da vida, teve motorista enquanto não podia dirigir e carro quando pôde. Seus amigos eram socialites e aristocratas na adolescência e, quando adulto jovem, tinham casas de campo, cavalos e haras, sabia o que eram *bobeches et sousplats*, as técnicas de comer *escargots*, alcachofras, e de como usar a lavanda. Era fluente em inglês britânico e em francês, afinal, quem não era? Na casa de um amigo, um desenho de Picasso no lavabo. Tudo era "natural" e deveria ser percebido com um olhar *blasé*. Entusiasmo? Coisa de gentinha.

Mas seu pai havia ganhado a vida a partir da simplicidade dos filhos de políticos honestos de antigamente. O avô, chefe da Casa Civil de dois presidentes, ministro do Supremo, considerava-se um servidor público (no sentido original, aquele que serve aos interesses públicos) e, portanto, nunca foi rico. Hoje, no cinismo em que os lulopetistas nos mergulharam, dir-se-ia que ele era otário. Mas na época, seus valores eram admirados e foram transmitidos às gerações posteriores. O pai, ainda que rico, nunca mimou filho algum, e tirar dinheiro dele era um sofrimento. Foi o estímulo para que nosso personagem procurasse ganhar o seu, ser independente. Ele saboreava a convivência de seus amigos ricos, mas sabia que a vida era outra coisa.

Foi quando viu um anúncio da Cartier, a famosa loja francesa de joias e relógios: *Le "must" de Cartier*. Teve um choque: então, ter essas coisas era uma obrigação, um *must*? E percebeu o aprisionamento que a classe rica significava. A formatação de uma vida, de forma tirânica, sem consulta a si mesmo, apenas consultando os *must*, a lista dos itens *obrigatórios* que adornavam e davam o valor que uma pessoa teria. Nada que se referisse a ela e a sua existência interior, somente os berloques que a adornavam.

Por tais coisas seria considerado um *winner* (em bom português, um fodão), mas sem elas, um *loser* (idem, um merda) e iria viver na agonia do fio da navalha: qualquer mau passo poderia ser fatal. Uma fonte de angústia capaz de jogar qualquer um na depressão, quando não no suicídio.

Ao se dar conta dessa beira do abismo em que poderia viver, nosso personagem deu um passo de extrema ousadia: resolveu habitar algo que ele chamou de "classe média reinventada". Ele já tinha visto a Danuza Leão fazer uma coisa parecida, ao se mudar para o edifício Seabra (um equivalente ao Dakota, em Nova York). Algo como "não estou nem aí para o que as pessoas vão dizer, eu quero é ser simples, desfrutar dos requintes de que eu gosto, não ter que me matar para pagar um custo fixo enorme".

O fantástico é que a classe média reinventada não tem nenhum *must*, nenhuma obrigação. Tanto você não tem que jantar no Grand Vefour em Paris quanto você não tem que pôr um pinguim em cima de sua geladeira. É incrivelmente mais barato e extraordinariamente mais autêntico. Você pode experimentar ser o que é!

A relação que essa história tem com a natureza humana é que ela nos empurra para buscar poder, exibir grandeza (como os pavões), guerrear para aumentar nossos domínios, de forma a ter mais acesso a sexo e a procriação.

Quando se ousa escolher a classe média reinventada, está se desafiando os genes de algum jeito. Claro, você pode ter o melhor dos dois mundos se convencer um bom número de pessoas de que essa escolha é *cool*...

COTIDIANO

Os anos passam voando, são os dias que passam lentos. Temos que viver 24 horas por dia. Há gente que não as vive, é vivida. É a tal da "vida, leva eu". E se entregam ao que lhes é imposto, a rotina do trabalho ditada por quem deles não gosta nem com eles se importa, só manda. Alguns tornam-se *workaholics*, viciados em trabalho, movidos por um principal propósito: chegar tarde em casa para não ter que encontrar a família, que lhes é um fardo, mas, como ótimos provedores, têm o álibi perfeito: o trabalho. E madame, com seu cartão de crédito, não vai reclamar.

Há uma cena do filme *Rocky, o lutador* em que o treinador pergunta para o Sylvester Stallone se ele quer ser faxineiro ali pelo resto da vida, percebendo nele um potencial lutador de boxe. "*It's a living...*" ("É um jeito de ganhar a vida..."), responde Stallone, com uma expressão completamente desolada. Mas também poderia ser traduzido como "É um jeito de esperar a morte...".

Quantos de nós ficamos conformados com o "*It's a living...*"? Sinto muito pela minha pergunta, pois ela pode te provocar incômodo, mas... você não é um desses?

Meu ponto é: existe alguém aí dentro, para além do turbilhão das ideias que nos deixam confusos? Alguém que, em algum momento da sua juventude, teve ideias e ambições bonitas, vontade de guiar a própria vida na direção, não direi do desafio, mas da maneira mais suave e confortável de embarcar nos bondes que nos levassem para mais perto de uma vida bela?

"Ah, eu não tive essa chance, meu pai me pôs para ralar na padaria desde que eu tinha 13 anos, ele era um português durão, que não tolerava indisciplina. Talvez, por isso, eu seja hoje tão bem-sucedido, pois sei fazer tudo muito bem-feito, e sei comandar." Ah, então hoje em dia você manda na própria vida, não deixa a vida te levar? Pois direi que teu pai foi sábio.

Olhe só o que acontece com pessoas como você hoje em dia: Para não parecerem durões como seu pai foi, criam seus filhos com moleza. Eles os mimam, antecipam-se ao que poderia ser suas vontades e os enchem de brinquedos eletrônicos, e de toda espécie, mesmo antes que eles os queiram, gerando bundões sem vontades, parasitas encostados. Aprendi que, em inglês, essas crianças não são mais chamadas de *spoileds* (mimados ou, literalmente, estragados), hoje em dia chamam-nas de *entitleds*, pessoas que têm direitos a qualquer coisa e se revoltam se algo lhes é negado.

Vocês viram o que os adolescentes franceses fizeram quando lhes foi proposto que a aposentadoria passasse de 60 anos para 62? Foram para as ruas e queimaram carros, em completa revolta! É porque a social-democracia em que cresceram lhes prometeu parasitismo, colo e mimo.

O populismo de nosso governo te parece semelhante? Pois então, o necessário "Ministério do Vai dar Merda" adverte: você pode fazer alguma coisa por sua vida e pela vida de sua família.

Não transporte essa forma de governo para sua família. Não dê nada aos filhos que eles não queiram muito, que não peçam muito e que não façam por onde. Ensinem-lhes a dirigirem suas vidas.

Nossos genes nos prepararam para o esforço de buscar o desejado (como as gorduras e os doces). A pizza entregue em casa produz gatos gordos, muito, muito gordos.

A SOGRA

Uma das vantagens de ser um psicanalista que tem curiosidades múltiplas é lidar com gente interessante de diversas áreas e aprender sobre elas. Devo dizer que o aprendizado gostoso (que começou depois que a escolaridade acabou) é um dos maiores prazeres da minha vida, que tento reproduzir para os outros, neste livro, por exemplo.

Tenho uma amiga imersa na filosofia e na estética que me conduz por esses terrenos, para mim, pantanosos. Houve um tempo em que a filosofia era apenas o jeito de chamar o conhecimento humano sistematizado. Havia a filosofia da natureza (o lado de fora) e a filosofia do humano (o lado de dentro). Mais tarde as coisas se complicaram, e, hoje em dia, se não fosse pela amiga tradutora, filosofia para mim seria grego...

A amiga me conta que seu ex-marido, professor de filosofia, ensinou em aula um silogismo (conclusão que resulta de duas constatações afins) clássico, "Sócrates é homem, os homens são mortais, donde Sócrates é mortal", mas chamou-a para ver o que um aluno havia escrito na prova: "Sogra é homem; os homens são mortais, donde sogra é mortal."

Quando ela me contou o episódio, tivemos um ataque de riso prolongado, até que me lembrei do conceito de **representação psíquica** em psicanálise.

Você deve conhecer a expressão "como um burro olhando para um palácio", que fala sobre a falta de sentido que um palácio faz para um burro e a quantidade de sentidos que faz para nós. Nunca podemos afirmar que o que vimos ou ouvimos foi o mesmo que o outro viu ou ouviu, pois dependendo do que cada um tem na cabeça, o que os sentidos leem pode representar coisas diferentes.

Foi quando paramos para refletir sobre as camadas de sentidos da frase que nos fez gargalhar. A primeira, mais rasa, era da ignorância do aluno que confundiu Sócrates com sogra, por nunca ter ouvido falar dele.

Abaixo havia outra graça: "sogra é homem", que aludia à indisposição que temos com as sogras em geral. Mais adiante, a afirmação de que "sogra é mortal", com seu duplo sentido de que irá morrer e de que pode matar, como uma jararaca.

Platão, criador do jeito ocidental de pensar, concebeu um **ideal**, algo longe dos mortais e só existente nas ideias.

Quando Freud concebeu o **superego**, um programa psíquico que, em alemão, está acima de nós (*das über-ich*), foi influenciado pela leitura de Platão, entendendo que temos na cabeça um observador **idealizado** que nos cobra e nos critica, comparando o que fazemos com o que *deveríamos* fazer (mas Freud dizia que temos esse negócio na cabeça, não que ele era **o certo** a se seguir).

Para Platão, se alguém tentasse partir do *ideal* para fazer alguma coisa, ela só poderia ser uma *cópia (algo menor)*, mesmo que aparentada com ele. Se a cópia fosse boa, iria se chamar *cópia modelar*. Se fosse porcaria, seria uma *cópia degradada*. Se ganhasse, ainda que parente do *ideal*, vida própria e independente, ele a chamaria de *simulacro*, cada vez mais desprezível, pois mais distante do ideal.

Então o homem não poderia fazer algo parente do ideal, Platão? Que *ideal* doido!

Concluímos que a sogra mortal era tão engraçada porque tinha vida própria, era um simulacro. Passei a admirar o simulacro, como os filósofos franceses o fazem, ainda que me irritem por não serem claros.

Quando Steve Jobs viu o mouse e os ícones de tela na Xerox, imaginou pessoas comuns lidando com um computador pessoal sem precisar de especialização, para seu prazer, lazer, comunicação e aprendizado. Foi daí que nasceu o Macintosh, o simulacro com vida própria.

Mas "simulacro" soa mal, como algo falso. Pensei logo em Paulo Freire, o educador que afirmou: "Quem realmente apreende algum ensinamento torna-se autor também, e dele pode falar a partir desta posição" (mas cite o autor original, ok? É melhor).

Traduzir bem o simulacro de Platão é um problema. Mas me encanta assistir a como se processa a inventividade humana, seja por criatividade ou por equívocos, acasos (como a penicilina foi descoberta) ou atos falhos, como o da sogra.

DEPOIS DA PAIXÃO

Segundo os evolucionistas, a paixão surgiu há poucas dezenas de milênios em nossa espécie, selecionada como uma vantagem evolutiva, já que permitia à mulher ter a ajuda de um homem para aumentar as chances de sobrevivência de sua prole. Ficou em nós como um *software* inato, com um prazo de validade de cerca de quatro anos (o bastante para que a cria do casal seguisse o grupo por suas próprias pernas).

Na savana africana, as mulheres raramente tinham mais que dois filhos, com grande espaçamento entre eles, pois o aleitamento inibe a ovulação. As mães morriam mais, os filhos, mais ainda, o que manteve a população humana estável até o surgimento da agricultura e pecuária (há 10 mil anos), quando deu um pequeno salto, e até o começo do século XIX, com a descoberta dos germes, o saneamento básico, a tecnologia dos remédios e o agronegócio, que resultaram nessa desgraceira procriativa de 7 bilhões de pessoas a sugar o planeta.

Mas se a paixão só dura quatro anos (se correspondida, a não correspondida pode nos assombrar por décadas), o que vem depois dela?

São três principais consequências: 1. Indiferença; 2. Sadomasoquismo; 3. Amor companheiro.

Indiferença: se de ambas as partes, há separação mais ou menos tranquila. Se da parte da mulher, que quer se separar porque se apaixonou por outro, ela corre um risco muito grande de ser assassinada pelo abandonado. Ou de ser *stalked* ("perseguida", quem viu *Atração fatal* sabe o que é). Se da parte do homem, que se apaixonou por outra, o assassinato é mais raro, o *stalking* é mais comum, a vingança na vara de família, mais comum ainda. É frequente que os filhos sejam usados como munição de vingança.

Sadomasoquismo: os dois se sentem prisioneiros/carcereiros da situação e desenvolvem um jogo de maltrato, mais ou menos sutil, que vai desde um deles depreciando o outro em público até a lei Maria da Penha não aplicada, pois sempre se reconciliam e dão tempero ao sexo com a briga (ou o sexo some, e só fica o maltrato). Desgraçadamente, bodas de prata são mais comuns derivando do sadomasoquismo que do amor. É vício a dois, mesmo.

Amor companheiro: o tipo de amor muda. É mais calmo, menos sujeito a percalços. Eles têm projetos comuns e afinidades. Gostam de ser pais e acompanharem juntos o crescimento dos filhos. Apreciam-se, desfrutam a companhia do outro, têm assunto, mesmo sozinhos no restaurante. As tentações (essas existirão sempre) são declinadas para não atrapalhar o bem precioso que partilham. Tornam-se amigos que são prioridade na vida um do outro. E amizade é algo que pode crescer sempre. Adoram a ideia de envelhecerem juntos. Cultivam uma intimidade que parece sobrepor-se à nossa inescapável solidão. Têm vida própria e zonas de partilha, não se sentem obrigados ao grude.

As pessoas têm me perguntado se, agora que eles se tornaram amigos, o desejo não está fadado ao desaparecimento. Certamente, o sexo animal não vai mais rolar. Mas o sexo derivado do carinho e do aconchego tem seu valor especial, e só fará fortalecer a amizade.

DOMÍNIO E SUBMISSÃO

Em 36 anos de psicanálise clínica, me deparei com dois casos de homens com "inveja de vagina".

O conceito freudiano odiado pelas feministas, a "inveja do pênis", diz respeito ao poder e ao controle que os homens do século XIX tinham de urinar onde queriam (continuam fazendo, a propósito), de brincar do que quisessem, de mandar em suas próprias vidas. Era uma inveja do poder de domínio, enquanto às mulheres cabia um papel de submissão passiva.

O que nos leva a outro conceito freudiano odiado pelas mesmas mulheres, e com justa razão. O de "orgasmo maduro", que seria o vaginal, sendo que o orgasmo clitoridiano (por masturbação do clitóris com ou sem parceiro) era visto por Freud como um sinal de que a mulher não havia assumido sua posição submissa ao homem na vida e que com ele queria competir, em vez de se entregar à sua posse.

É uma maldade especial com as mulheres porque não contempla o fato de que o pênis é um clitóris que cresceu durante a gestação do menino, por sua testosterona, e Freud nunca reclamou do fato de que, se os homens têm facilidade para o orgasmo, é porque sempre se masturbaram, e o circuito cerebral que leva ao orgasmo está mais que treinado, sem mencionar que durante a penetração vaginal a mulher não tem seu clitóris muito estimulado, enquanto o homem tem seu grande "clitóris" diretamente estimulado o tempo todo.

Fato é que domínio/submissão sempre foi uma questão séria no reino animal (agora que minha filha me fez conviver com um cão, eu tenho que ficar treinando esse jogo com ele, senão o bicho me domina). E as pessoas pensam que o dominador está acima do submisso, o que é uma tolice, pois ambos são faces da mesma moeda, não à toa eu os escrevo juntos. Ainda que ele pareça submisso, gasto meu tempo com o cão, portanto ele me domina de algum jeito. Agora ele deu para latir no pátio quando chega um cliente, o que me obriga a aparecer para ele com uma cara de zangado. Sim, ele se cala ao me ver, mas me adestrou a ir até ele quando late.

No entanto, penso que Freud tinha lá sua razão quanto à entrega e seu prazer passivo. Na atualidade ficou meio malvista essa modalidade de prazer, algo como se fosse coisa de gay ou de mulher boba. Ora, ele nada mais é do que a deliciosa revivência do colo, do acolhimento, de se permitir frágil protegido pelo forte, um conforto, um descanso, seja para a mulher, seja para o homem.

Nossa espécie acaba por gostar, tanto do domínio quanto da submissão. Essa espécie de instinto existe em inúmeros outros animais, machos alfa e sua corte. Na nossa espécie temos uma agravante para ele, já que nascemos completamente, e longamente, dependentes dos mais fortes, que têm todas as oportunidades de abusar de sua força no domínio dos mais fracos.

Nossa tendência política é se submeter a um grande pai adorado. Não à toa os governos se chamavam Tiranias (sem ser pejorativo) por milênios. Nem sei como a democracia surgiu entre nós, já que ela é o regime de defesa das minorias. Deve ter sido fruto da nossa capacidade de consciência, não por acaso surgida na Grécia.

No domínio-submissão, entram em jogo desde a forma escancarada até as mesmas sutilezas que podem existir no sadomasoquismo, cujo melhor exemplo é a diretiva cristã de oferecer a outra face quando alguém é estapeado. No momento em que o gesto mártir de oferecer a outra face acontece, o agressor se torna o assunto, o monstro, e ninguém pergunta mais a razão do primeiro tapa.

FREUD E A TIRANIA

Você sabia que "Tirano" era um título de governante, assim como rei, presidente, primeiro-ministro e outros, não era nenhum xingamento? Isso se deu há muito tempo, mas nem tanto assim.

Pense que a democracia é tão jovem quanto 2.400 anos, tendo nascido em Atenas, Grécia, uma pequena cidade-estado. A liderança de um povoamento (geralmente uma cidade muito pequena) era imposta pela força, e o chefe, ou Tirano, era adorado como um grande pai. Havia histórias míticas sobre ele, sobre sua origem humilde e de como ele vencera vicissitudes, fome e perigos para chegar até onde chegara, não sem antes destruir o Tirano anterior, que era considerado por ele e por sua propaganda um verdadeiro "tirano", uma peste a ser destruída.

Essa figura paternal que reinava sobre um povo infantilizado surgiu bem antes da necessidade de haver um Estado constituído, quando a domesticação dos animais e dos alimentos permitiu que pessoas desconhecidas morassem juntas sem se matar. A violência foi monopolizada pelo Estado, a justiça cabia ao Tirano (Salomão foi um deles, e até hoje se fala na "justiça salomônica"), ninguém podia mais fazer "justiça com as próprias mãos". As tribos já eram governadas pelo Tirano sábio e/ou guerreiro.

Mas o que Freud tem a ver com isso? É que, mesmo derrubado por um câncer de maxilar que o devastava por mais de onze anos, mesmo fugindo da Áustria para salvar sua vida do nazismo de Hitler que o ameaçava (ou talvez por essa razão), Freud fez questão de terminar um dos seus artigos especulativos, "Moisés e o monoteísmo", em seu último ano de vida, em Londres.

É curioso o fato de que, mesmo nunca tendo apreciado esse particular grupo de artigos de Freud, pois não os considerava escritos com espírito científico, tive minha atenção chamada para este por causa de um livro notável: *A morte de Freud*, de Mark Edmundson, em que ele mostra que a natureza humana tem uma atração fatal pelos tiranos, que olha para eles como semideuses, pais, que se compraz em adorá-los desde a condição de filhos sem responsabilidade pelas decisões que tomam.

Moisés teria sido o artífice segundo do deus único (possivelmente um seguidor do egípcio Akenaton, que foi o primeiro), deixando Iavé como superior às outras divindades hebraicas (entre elas o célebre bezerro de ouro) e como modelo celeste do poder único terrestre.

Era a revolta do velho professor contra os tiranos que à sua época proliferavam (Hitler, Mussolini, Stalin, entre outros). Sua mensagem era clara: "Cuidado com a natureza humana, que ela nos leva a sermos ovelhas lideradas pelo pastor heroico." Não à toa, Churchill havia dito que a democracia era o pior dos regimes, com exceção feita a todos os outros.

Pensar nisso é especialmente relevante na América Latina, onde tiranos e candidatos a tiranos têm proliferado. Uns são pais dos pobres. A outra foi eleita porque era mãe do PAC (um filho que não cresce nunca, coitado), outro saiu da pobreza e vence o câncer, um terceiro por ele foi vencido, e por aí vai. "Cuidado", disse Freud antes de morrer.

É NATURAL

O pensamento do filósofo Baruch ("abençoado", em hebraico = Benedito = Bento) Spinoza sobre a liberdade poderia ser definido assim: "Ela consiste em conhecer os cordéis que nos manipulam." Repare que ele não reconhecia a liberdade como coisa de existência verdadeira, mas poderíamos ampliá-la um pouco se aliviássemos, ao conhecê-los, os puxões dos cordéis. Outro grande, Schopenhauer (bem lembrado por um leitor), disse que podemos até ter vontades, mas não podemos escolher nossos desejos. Tenho escrito sobre a natureza humana para que saibamos como somos manipulados.

O que me lembrou a portuguesa Lucia, avó de uma amiga querida, que a tudo reagia com o mesmo bordão: "É natural", por mais estapafúrdia que a coisa fosse. "Vó, o padre fugiu com a vizinha!" "É natural, pois..."

Ela se defendia dos sustos da vida com o uso sistemático da naturalização. A naturalização não tem nada a ver com constatar as forças da natureza sobre nós. Ela é o processo da formação do senso comum, talvez o cordel mais forte que a cultura usa para mandar em nós.

Minha mãe quis ter oito filhos (teve sete). Por que tantos? "Porque em 1937 era bonito ter família grande, minhas amigas tinham." Era "natural". Tão natural quanto hoje ter dois. Se você quiser mais, o senso comum vai te patrulhar, "que absurdo, você está louca?".

O feminismo naturalizou a tripla jornada de trabalho para a mulher (ganhar dinheiro; gerenciar a casa, marido e filhos).

Nascido em 1948, cresci tendo que cumprir uma linha de montagem: escolaridade, formatura (médico, engenheiro ou advogado), casar, ser provedor e ter filhos. Era natural. Eu me perguntei se queria isso. Claro que não. Tinha medo de ir "contra o natural". É a surda ditadura do senso comum. Hoje ela se estende ao "politicamente correto", um meio de formar rebanhos. A coisa está ficando afrodescendente...

Então este é um aviso: você é manipulado, sua inteligência é posta de lado em favor da obediência ao "que todo mundo faz". Ao mesmo tempo, é sedutora a ideia de que há manipuladores, superiores aos manipulados, e que é bom ser um deles. Mas você já é um manipulador/manipulado, todos o somos. Um general manda na tropa, mas a mulher manda nele. Manipulação existe. Somos todos seus agentes e pacientes. Se eu for menos ativo e passivo dela, a manipulação diminuirá.

Desconfie do "é natural", que "a vida é assim mesmo". Discuta regras ocultas da "ficância", do namoro, do casamento, para ver se você as cumpre por gosto ou por obrigação. Escancare-as!

Atenção com o implícito, com a alusão. As regras do senso comum nunca são faladas abertamente, ou saberíamos discuti-las. A patrulha se dá por punições sutis (suspiros, trombas e gelos). Também valem adjetivos reducionistas, "Isso é fascismo! Você é neoliberal!" (quem os usa já está dominado).

Claro, a patrulha também pode ser explícita, matar e espancar gays, porque eles são excessivamente não "naturais", entende? Mas vir dizer que "a diferença é linda" também é outra tentativa de naturalização que eu não aguento.

A CULPA E O PIB

Entre as cinco resistências ao tratamento analítico descritas por Freud, a mais curiosa é a reação terapêutica negativa. Ele ficava pasmo de ver que, quando alguns pacientes tinham uma expressiva melhora em suas neuroses, como decorrência da análise, algo de muito errado lhes acontecia. Ora adoeciam, tinham acidentes, tomavam decisões catastróficas, mas, sobretudo, abandonavam o tratamento. "Pioram porque melhoram?" era a questão que intrigava o professor. Depois de muita pesquisa, ele concluiu que algo neles se ressentia com seu novo bem-estar. Tinham culpa de se sentir bem.

Depois da segunda guerra, surgiu um acontecimento psíquico que trouxe luz àquele enigma: a síndrome do judeu sobrevivente. Um traço comum unia os que haviam escapado ao campo de concentração: não podiam ser felizes, pois eram assombrados pelos mortos, que lhes sussurravam na alma, "Aí, hein? Você, todo feliz, gozando a vida, e nós viramos cinza, não é?" O sobrevivente, devastado pela culpa, fazia então a única coisa que lhe poderia dar alguma dignidade: buscava ser infeliz.

Isso está longe de se restringir a esse grupo étnico. Jogadores de futebol que ganham fama e fortuna afastam-se do subúrbio onde nasceram para desfrutá-las em áreas mais ricas, mas é comum que algo de muito errado ocorra com eles, que se entreguem à dissipação, aos vícios, que entrem em decadência, que sofram de solidão, que se deixem explorar pelas marias-chuteira. Houve um que abrigou de graça várias famílias por onze anos num prédio que comprara. Ao ser processado para dar pensão a uma de suas ex, passou a cobrar uma quantia irrisória de aluguel dos familiares, como meio de pagar o estipêndio. Foi o bastante para que os inquilinos corressem aos jornais, acusando o jogador de egoísmo, de ter se esquecido dos pobres, de sua origem, de trair o seu passado.

O mesmo ocorre com ganhadores de loteria. São raros os que mantêm seu dinheiro. Metem-se em empreendimentos administrados por familiares de baixa competência e dão com os burros n'água.

Minha motivação para este texto vem dos meus pacientes que sofreram da tal resistência. É curioso, o paciente de psicanálise. Você conhece a anedota que pergunta: "Quantos psicanalistas são necessários para que se troque uma lâmpada?" A resposta é: "Um só. Mas é preciso que a lâmpada queira muito ser trocada." Segue disso que, se uma pessoa é capaz de achar que há algo errado consigo, se é capaz desse grau de reflexão, em vez de culpar os outros, as chances de que seja uma pessoa de destacada inteligência são grandes.

Ora, a mãe natureza é sabidamente injusta e desigual quando se trata da distribuição da inteligência. A maior parte da humanidade é principalmente reativa aos acontecimentos. Os reflexivos, contempladores e planejadores formam uma triste e solitária minoria, a desgraça de sua graça é ser difícil encontrar interlocutores.

Alguns clientes se descobriram muito cedo portadores dessa anomalia congênita. Uma delas se lembra de aos seis anos se perguntar, "O que eu estou fazendo no meio dessas pessoas?", referindo-se à própria família. Não deu outra. Passa a vida se sentindo levemente culpada por se destacar, e seus empreendimentos, a despeito de seu talento ímpar, nunca avançam muito.

Nestes tempos em que o senso comum vai absorvendo como verdade que "pobre é bom; as 'zelite' é mau", o sentimento de culpa ligado à prosperidade tende a crescer, e isso influencia o PIB do país (para baixo). É a herança maldita do Stalin, que, nas palavras de Trotsky, "fez da privação uma virtude". Que tal as esquerdas começarem a olhar para a China?

EUGENIA

Eugenia é coisa de Hitler? Bem, são dois assuntos diferentes. Traduzido direto do grego, eugenia significa "boa origem". Produzir boa origem para nossos filhos é um desejo universal inscrito na natureza humana. É quando a seleção natural se mistura com a artificial.

Explico: a seleção natural não tem intenção. Ela simplesmente impede que os não adaptados ao ambiente deixem descendentes. Pense que extraordinário: nenhum de nossos ancestrais, nos últimos quase quatro bilhões de anos, morreu antes de procriar, o que faz de cada um de nós um verdadeiro milagre de sobrevivência em série.

Já a seleção artificial é intencionada: as diversas raças de cães foram forjadas por homens que queriam caçadores, pastores, defensores de territórios (*terriers*), companheiros pacíficos, cães de luta (*pitbulls*) ou bibelôs (*poodles, malteses* etc.), a partir de lobos, escolhendo que filhotes deveriam procriar.

Quando pensamos em ter filhos, queremos que eles sejam belos, altos, fortes e inteligentes, pois assim terão mais chances na vida. Nossos conceitos de beleza humana estão ligados à saúde (simetria e musculatura) e à fertilidade feminina (relação cintura-quadris; formas cheias – apreciadas pelos homens e abominadas pelas mulheres –, seios fartos).

Nessa hora a seleção natural nos induz à artificial. Belos, nascidos nas periferias, são pinçados para se acasalar com pessoas mais ricas e passam a habitar centros prósperos. Compare os fregueses de shoppings populares com os de shoppings caros e você vai ter uma ideia do que é seleção artificial. Reconheço que isso deva ser difícil de ler para quem foi abduzido ao "politicamente correto". É duro constatar certos aspectos da condição humana.

Mas, aqui que ninguém nos ouça, você ambicionaria que sua filha se casasse com um nanico feio, incompetente, burro e encostado? "Não me importaria, desde que ela se sentisse feliz." Está bem, então você é uma raridade da espécie.

É importante lembrar que a igualdade ambicionada pela democracia é aquela frente à lei. De resto, somos todos diferentes, e é bom que seja assim, já que vivemos com desconhecidos que precisamos respeitar e esperar que nos respeitem. O processo de civilização democrática é o aprendizado do respeito pelas diferenças. Mas essa ambição convive com um desejo de estar cercado de "iguais" e de que nossos filhos sejam "melhores".

O que nos leva a Hitler. Seu desejo de eugenia era imbecil, em termos biológicos. Formar uma raça "pura" de iguais (não importa se de arianos de olhos azuis ou se de negros retintos, de exclusiva afrodescendência) é construir um desastre de fragilidade imunológica, é empobrecer nossas defesas e nossas aptidões, duramente conquistadas através da reprodução sexual, que mistura genes diferentes, portadores de sabedorias diversas. O projeto de Hitler beirava o incestuoso das famílias coroadas europeias. E conhecemos os frutos do incesto pelos defeitos que acumulam.

Este último parágrafo revela o meu desejo de uma "eugenia boa, não imbecil". É, sou humano.

HIPOCRISIA

Nas filmagens de *Marathon man*, Sir Laurence Olivier observou que seu colega Dustin Hoffman se preparava para uma tomada. Todo suado, o semblante contraído, a cabeça baixa, Hoffman parecia presa de grande sofrimento. Sir Laurence perguntou intrigado: "O que você está fazendo?" "Estou entrando no personagem" (Dustin era adepto do "Método" do Actor's Studio). "*Why don't you try just acting?*" (Por que você não tenta representar, apenas?), disse Olivier.

Lembrei-me disso ao dar boas risadas quando vi o significado original de hipocrisia: "resposta de um oráculo; desempenho teatral; encenação (em + cena + ação). Lembrei-me também do clichê de Fernando Pessoa ("O poeta é um fingidor/ finge tão completamente/ que chega a fingir que é dor/ a dor que deveras sente").

Porque sei que a hipocrisia é nosso lubrificante social de todos os dias. O que dirá um marido diante da pergunta: "Você acha que eu estou gorda?" Ou uma mulher quando solicitada a comentar sobre o bebê pavoroso da vizinha?

Soube da morte de Getúlio quando nos vieram dizer que as aulas estavam canceladas. Exultei pelo feriado extemporâneo. Mas tive minha primeira lição de hipocrisia quando minha prima veio me exortar para uma prece pela alma do suicida.

"Mas por quê, se a gente não gostava dele?" (a família era lacerdista).

"Ah, mas quando a pessoa morre, devemos sentir pena dela", disse a prima. Foi a primeira vez que entrei em contato com a hipocrisia, mas não a última.

Curiosa coisa é a mentira, que não se confunde com o verbo mentir. Pois se pode dizer uma mentira sem mentir, se você acredita nela (era o que Dustin tentava fazer). E pode-se mentir dizendo a verdade. Tancredo encontra José Maria Alkmin na estação de Juiz de Fora. "Para onde vais, Zé?" "Para Barbacena, Tancredo". Nosso quase-presidente pensa: "Mentiroso sem-vergonha, ele diz isso para que eu ache que ele vai para Belo Horizonte, mas o danado vai para Barbacena mesmo." Coisas de mineiro, dizia meu pai.

Mas então, por que o barulho por um hipócrita desmascarado? Porque há a hipocrisia danosa, nada a ver com a piedosa e educada do nosso dia a dia. Como a propaganda enganosa, dissemina o descrédito e o cinismo, "não se pode acreditar em ninguém".

O comércio pela internet, por exemplo, depende de maneira crucial que se acredite nele. O conto do vigário pode ter saído de moda no varejo, mas prospera no atacado. Foi até promovido! Hoje se chama "o conto do bispo", já que há muitos enganando seus fiéis. Era assim porque o vigário, ou o bispo, supunha-se confiável. O dano maior vem de concordar com o dito e se horrorizar com os feitos de quem disse. Jesus já dizia que nosso comportamento deveria seguir as palavras dos fariseus, nunca seus exemplos. Ficamos com cara de patetas. Por isso Floriano Peixoto aconselhava: "Confiar, mas desconfiando."

A inteligência se desenvolveu na espécie através da desconfiança. Nossos ancestrais pensavam, "Ele está fazendo as mesmas coisas que eu faço quando minto, logo...", e esse raciocínio lhes salvava a vida muitas vezes. Se alguém bate no peito a dizer: "Sou honesto!", o falso moralismo mostra o rabo.

Millôr Fernandes disse de um prefeito honesto que levou o Rio à falência: "Saturnino, o homem que desmoralizou a honradez."

EREÇÃO E SEUS PERCALÇOS

Diferentemente das mulheres, um homem não pode ser forçado ao congresso carnal com uma jovem que lhe encoste um revólver nas têmporas. Seu genital, ao invés de se animar, encolherá. Um verdadeiro banho de água fria. Assim a seleção natural nos preparou para a luta ou para a fuga (prefiro a última) diante de uma ameaça.

Mas então, o que anima nossas partes? "Esse obscuro objeto do desejo", como o chamou Buñuel. Não estou falando de um adolescente em quem o simples balanço de um ônibus é capaz de produzir embaraços. Mas quando a idade avança, é o desejo quem manda. Qualquer homem que tentou comandar sua ereção, fê-lo debalde, pois o membro teima em desobedecer-lhe, animando-se quando não devia, desanimando-se quando ele mais precisava.

O desejo. Não confundir com a vontade. Ele é obscuro porque se trata de um iceberg imenso, com 10% visíveis (a vontade) e 90% imersos no oceano do inconsciente. São estes que comandam, com sua extrema complexidade, o resultado final.

Considere o exibicionista da capa de chuva. Ele goza com sua nudez mostrada? Não. O objeto de seu desejo é o horror pudico demonstrado pela vítima. Atualmente correria o risco de ser alvo de chacota, "Tudo isso para mostrar essa coisinha?", e sua ereção desabaria. Não à toa ele saiu de moda.

Mas há nele um denominador comum com o desejo masculino: se a manobra der certo, ele estará no comando, portanto não se sentindo ameaçado. "As deusas são sempre malcomidas, porque nos ameaçam", é uma crença masculina generalizada.

Quando jovens, nossa musa romântica nunca era parte de devaneios masturbatórios, mas sim as degradadas, que não ameaçavam e podiam ser tão sacanas quanto nós. As outras, coitadas, ficavam prisioneiras de sua santidade. Por isso o bom cafajeste é aquele que permite à mulher ser sexuada, não considera nenhuma como santa, eis o segredo de seu sucesso.

A ameaça que impede a ereção se parece com a inibição de urinar, que muitos homens sofrem quando no banheiro do cinema, aquela fila impaciente atrás a lhes cobrar que se despachem. Imagine a profissional dizendo: "Como é, meu filho, vamos logo..."

O fetiche (que vem de "feitiço") é o truque de despersonalizar a mulher, para tirar a possível ameaça de ter que levá-la em conta. "Se veste de enfermeira para mim?", equivale a "Deixe de ser você, para eu não ter medo". "Quando ela espirrou, eu brochei" (a pessoa apareceu, quebrou-se o feitiço).

Afora o Ziraldo, que proclama nunca ter sofrido essa desdita, todos nós outros brochamos, em algum momento. O sucesso do Viagra vem da ilusão de mandar na ereção. "Mas então não há homens que transam com mulheres sem precisar de truques?" Claro que os há, tanto que os segundos e terceiros encontros, quando o casal ganha mais intimidade, são muito melhores do que os primeiros. Mesmo assim, os orgasmos são comumente frutos de passeios mentais (serve para ambos os gêneros), que só em alguns momentos envolvem a pessoa com quem se está. O passeio na complexidade de nosso desejo.

Enfim, cobrar sexo de um homem é um tiro no pé.

IMPULSOS DE VIDA E DE MORTE

Freud falou que todos nós carregamos instintos, ou impulsos, opostos: um de vida (que ele chamou de Eros) e um de morte (que ele **não** chamou de Tanatos). Este último é dos mais mal compreendidos em psicanálise, geralmente ligado a um monstro que aqui e ali surgiria no ser humano fazendo ele se tornar genocida, causador de guerras, assassino serial, político predador e coisas do gênero.

Enquanto o instinto de vida é bem acolhido como parte da nossa "boa natureza estragada pela cultura" (vide o bom selvagem de Rousseau), o de morte é olhado como um inimigo oculto dentro de nós, esperando sua oportunidade para cravar suas garras.

Desse mal-entendido vêm crendices como a de que pessoas são capazes de "fazer" um câncer, já que são tão amargas. O que é uma crueldade adicional para os cancerosos, pois além da doença eles carregam a culpa de tê-la. Sem mencionar otimistas incuráveis que também desenvolvem câncer.

Você pode perguntar o que um conceito psicanalítico está fazendo numa coluna que cuida de natureza humana. É que o velho professor teve percepções brilhantes sobre o funcionamento **universal** de nossa mente, a acima descrita entre elas.

Um dia desses, eu dedico um artigo a comentar a lista de comportamentos universais da espécie (ou seja, presentes em todas as culturas do mundo, através dos tempos) que Donald E. Brown fez e que está publicada no livro *Tábula rasa* de Steven Pinker. É fascinante. Entre eles, Brown colocou o complexo de Édipo, outro conceito de Freud.

Mas afinal, como entender o funcionamento da dupla vida/morte no nosso dia a dia? Entenda como se fosse uma conversa interminável entre a destruição e a construção.

"Eros" ficou como símbolo de construção porque o sexo (a procriação) é nosso principal motor para construir e para destruir. Explico: tive uma linda filha e criei-a com desvelo, custo e eventuais noites insones, de tal forma que ela é hoje inteligente, um amor, hábil e autônoma. Eros operando, certo? Pois logo virá um ser monstruoso para destruir nossa bela família, casando--se com ela, levando-a daqui para construir a família deles. Eros operando novamente... Não posso me queixar: fiz o mesmo com a família da mãe dela!

Destruo a vida de uma vaca (eu, não, que os bifes vêm do supermercado), corto-a em pedacinhos, queimo-a parcialmente e ainda a trituro com gosto entre os dentes. Seus tijolinhos de aminoácidos vão se juntar na construção de meus músculos. Você não imagina quantas palavras eu destruí ("deletei", do latim *delendere*, que significa "destruir") para escrever este texto. Você se encanta ao ver uma catedral em mármore. Vá dar uma olhada na pedreira de onde ela saiu. Na Austrália é necessário matar uma série de animais que, por seu surto de "construção", destruíram plantações e outras espécies, ameaçando a humana. Um estímulo à reflexão dos que pensam que ecologia é ter peninha de bichos e plantas.

Portanto vida e morte, construção e destruição fazem parte de nossa natureza e são necessárias à nossa existência.

FLAP E EU

Flap é o nome do *jack russel terrier* da minha filha, que veio morar comigo por motivos alheios à minha vontade (o cão, não minha filha). Quem viu o filme *O artista* conhece a raça. É lindo, hiperativo e, para um interessado nos programas que a natureza insere em nós, mamíferos, para influenciar nosso comportamento, tem sido uma constante lição.

Ele é igualzinho à gente: usa de todos os artifícios de sua inteligência (que não é pouca) para obter amor, prestígio, sustento e proeminência no pedaço. Seu comportamento se parece com o de uma criança humana, ainda que já adulto. Deixado só no pátio, faz manha, chora baixinho aparentando grande sofrimento, desdenha da comida e da água que tem disponível, cola-se à porta da cozinha para que seus lamentos sejam bem audíveis. Se, depois de algum tempo, percebe que sua manobra de nos manipular pela culpa não deu resultados, come, bebe, brinca um pouco sozinho, busca um canto ensolarado neste maio de céu deslumbrante e de uma fresca que beira o frio. Ali se enrodilha para uma soneca. Se alguém entra no pátio, levanta a cabeça para avaliar em que posição o humano se coloca na sua escala pessoal de importância. Se é de baixa, volta a dormir. Se é de alta, levanta-se animado e vem pedir carinho. Se é um estranho (entregador do supermercado, p.e.), desanda a latir, irritado com aquela invasão num território que julga seu.

O pedido de carinho também muda de acordo com quem chega. Minha filha, que o mima, é recebida aos saltos esfuziantes, para que ela o pegue no colo. Já eu, a autoridade máxima da casa que não lhe dá muita bola, sou recebido com uma aproximação respeitosa. Ele vem andando, chega perto de mim e se senta, pois sabe que é a única maneira de me agradar ao ponto de ser afagado atrás das orelhas, e só.

Mas seu comportamento para comigo varia de acordo com circunstâncias. Minha filha estava num trabalho que a obrigava a chegar além das 20h em casa. Ele ficava daquele jeito no pátio, e quando eu terminava de trabalhar (às 19h20), ia até lá para dar-lhe acesso ao quarto da "mãe". Abria a porta da cozinha, chamava-o, e ele vinha com postura humilde, até que eu lhe dissesse: "Para o quarto da mamãe", quando ele arremetia escada acima a toda. Entrava debaixo da cama dela, e eu fechava a porta do quarto. Era a nossa rotina.

Mas minha filha saiu do emprego e está *freelancer* de casa, tendo muito mais tempo para mimá-lo, para brincar com ele. Não é que o bicho, quando perto dela, deu de se mostrar ciumento, latindo para mim quando eu a abraço?! Combinei com ela que era inadmissível aquele desrespeito, e que qualquer hostilidade a mim dirigida deveria ter como resposta sua imediata expulsão do nosso convívio, ainda que por dois minutos. Pois ele voltava quieto e tolerante com o meu chamego com ela. Impressionante.

Ainda não ligo para cães, mas tenho que agradecer ao Flap a comprovação de que nós não somos uma espécie em separado do reino animal. Temos instintos, e nossa diferença é de quantidade, não de qualidade.

SENTIMENTO DE CULPA

Que nós nascemos com a capacidade de sentir culpa, é certo. Até cães vêm com esse programa. É velha a expressão "cara de cachorro que quebrou a panela". De fato, depois de um óbvio "malfeito", lá vem ele com a cabeça baixa e as orelhas murchas a tentar nos lamber, a nos pedir perdão.

O sentimento de culpa mistura vergonha com arrependimento e supõe certa integridade moral de quem o tem. É sabido que os psicopatas passam-lhe ao largo, apesar de a ele não serem indiferentes. Ao contrário, desafiam-no.

Mas é principalmente uma crença cultivada por culturas controladoras, que vai sendo absorvida pelo programa superego (aquele crítico que carregamos no cérebro) até se tornar parte de nossa identidade. É um caso de "identificação por imposição".

Lembro-me bem que as regras da Igreja católica para categorizar algo como pecado incluíam pleno conhecimento da transgressão, livre-arbítrio para fazê-la e um momento de "dane-se, vou fazer".

Se nós fôssemos bem atentos ao catecismo (e soubéssemos nossa taxa de livre-arbítrio), não seríamos tão assíduos ao confessionário. Mas à instituição, não interessava nem um pouco a discussão dos meios, pois ela lucrava e prosperava com a culpa: o bobalhão acreditava no seu livre-arbítrio, desconsiderava sua explosão hormonal da adolescência e considerava-se criminoso por ter se masturbado ou mesmo por pensamentos contra a castidade. Confessava seu crime. O padre, pelo ato da absolvição e pela penitência imposta, endossava que havia crime de fato, e lá ia o jovem, livre para pecar outra vez.

Ouvi dizer que a Igreja não considera mais a masturbação como pecado mortal. Numa festa do colégio Santo Inácio em que me formei, apresentei esta questão ao nosso antigo padre prefeito: "E aqueles que morreram em pecado antes da mudança da lei? Queimam no inferno assim mesmo?" Ele, que não tinha cacife intelectual para uma resposta teológica, e pressionado pela gargalhada dos colegas, disse-me que eu já havia bebido vinho o bastante.

Fato é que, como instrumento de dominação, a nossa espécie não inventou arma melhor. A Igreja usa e abusa dela, e se mantém por dois mil anos. Você pode fazer com que uma pessoa se ajoelhe, submissa, sob a mira de um revólver. Mas, se ela tiver oportunidade, revidará. Uma vez sentindo-se culpada, a pessoa implora para se ajoelhar diante de você. Imbatível!

A coisa ficou séria quando a esquerda descobriu que podia fazer os trabalhadores prósperos se sentirem culpados por sua riqueza. Em nome desse grave pecado (a prosperidade, que vem de "explorar humildes"), jogam sobre quem ganha seu dinheiro honestamente impostos escorchantes, camuflados ou não (os camuflados tiram dos humildes, que ironia). São penitências atuais.

É secundário se os impostos forem para perpetuar seu esquema de poder, em vez de reverterem para segurança, saúde e educação. O importante é dominar. O mesmo vale para as compensações exigidas pelas minorias massacradas por nossos ancestrais, sejam elas quilombolas ou índios.

Você viu, a grande defesa do mensalão foi que ele não era em proveito próprio, mas na busca de uma sociedade mais igualitária, para ressarcir os coitadinhos. E o pior: há multidões que acreditam nessa culpa, pois, coitadas, têm "certa integridade a defender".

Mesmo que o sentimento de culpa seja uma capacidade da natureza humana, se ele for cultivado pela sua família, ou por sociedades (civis, políticas ou religiosas), fique sabendo que estão usando dele para te controlar.

LIVRE-ARBÍTRIO

Sabe aquele ouro que o Brasil perdeu para a Rússia no vôlei das olimpíadas? Fui eu o culpado. Explico: nunca assisto a esportes, mas meu filho queria ver o jogo, e eu lhe fiz companhia. Logo comecei a torcer, e tudo saía ao contrário das minhas mandingas. Resultado foi o que se viu. Nunca mais. Não quero o peso do fracasso brasileiro.

Para eu sentir essa culpa, são necessárias algumas crenças: que eu tenha poderes mágicos de influenciar jogadores em Londres; que eu tenha a vontade para operá-los de forma a que eles deem bons frutos; que minha vontade não foi bastante para produzir os efeitos supostamente desejados. Em suma: para ter culpa, eu preciso acreditar que tenho arbítrio (significa vontade) e que ele é livre ao meu dispor. O tal livre-arbítrio.

Há milênios que nossa espécie se acha grande coisa. Nossos antepassados criam que o raio havia caído porque eles tinham tocado numa pedra. Quando criança, acreditei poder parar a chuva queimando a palha do domingo de ramos (e não é que a chuva parava... às vezes). Havia uma relação poderosa de causa-efeito entre o que fazíamos e o que acontecia.

Há uma criança dentro de nós até hoje (ou um antepassado troglodita, que ambos se parecem), caso contrário não haveria o menor sentido em torcer (pelo menos, não pela TV).

É duro admitir, mas não estamos com essa bola toda. O último milênio foi cruel com nossa vaidade. Copérnico mostrou que não éramos o centro do universo. Freud mostrou que não mandávamos nem em nosso próprio quintal, que forças ocultas nos manipulam (no que foi endossado pelos evolucionistas, com as forças genéticas). Cientistas em geral mostram que é cada vez mais difícil completar a frase: "O ser humano é o único animal que..."

No artigo sobre sentimento de culpa, falei que a crença no livre-arbítrio, na vontade perfeitamente comandada por um eu soberano, era essencial para que sentíssemos culpa. Neste, questiono não a existência da vontade, mas o quanto ela é livre. "Mas se a ausência de livre-arbítrio for demonstrada, não podemos pôr ninguém na cadeia, pois ninguém será culpado." Sinto muito, não é por isso que a cadeia existe. Ela é necessária para afastar pessoas perigosas a nosso meio. E para criar mais um constrangimento à vontade, algo que a torne menos livre ainda: cuidado com seus atos, pois eles têm consequências.

Afinal, quais são os cordéis que tornam nossa vontade um bonifrate? Ela é um títere de quê, ou de quem? Começando com o mais básico, o nosso desejo é seu maior manipulador. Compreenda "desejo" como nossa força motora que carrega desde os instintos mais primitivos à modelagem que eles sofrem da genética e da criação, da cultura, da moda, do *zeitgeist* (o espírito do tempo).

Ele é um gigantesco *software* inconsciente, que se mostra na tela da consciência com uma imagem a cada vez. Uma delas é a vontade. Minha vontade de assistir ao jogo foi completamente diferente da de meu filho. Livre-arbítrio? rsrsrsrs. Odeio isso e o kkkk, mas, sabe, é o *zeitgeist*... Lamento muito, mas não peço desculpas, que é para não endossar a validade do sentimento de culpa.

LIMITAÇÕES

"Não queira ir o sapateiro além das sandálias", ensina o velho ditado. Neste momento histórico em que um homem admirável descalça as sandálias de Pedro por constatar suas limitações para usá-las, há que se considerar como a espécie humana se relaciona com suas fronteiras, sejam elas físicas, psíquicas, políticas ou morais.

A atitude de Ratzinger é um ícone da complexidade humana: as limitações podem ser usadas para o retiro, mas ao mesmo tempo como arma política. "A paciência, assim como a República de Portugal, também tem limites", nos lembra o Barão de Itararé. Ao que parece, o papa usa os seus como um pai que diz "basta", na principal prerrogativa do poder: a autoridade.

"Até quando, Catilina, abusarás de nossa paciência?", discursava Cícero em Roma, avisando que o limite dele estava próximo. Ah, como nos faz falta um Cícero na política atual. Ele fazia oposição de verdade, e a oposição, esta que nos é ausente, serve para pôr limites ao autoritarismo dos pretendentes a tirano.

O reconhecimento de limitações, assim como o reconhecimento do erro, é artigo raro e caro (querido, precioso, custoso) em nossa espécie. *Citius, altius, fortius* (mais rápido, mais alto, mais forte) é o lema olímpico que incita à superação de nossos limites, assim como o faz as paralimpíadas (que teve seu "o" amputado recentemente, num exagero de coerência). Somos a espécie do húbris, do exagero, da desmedida, dos que, quando no poder, não largam o osso, o que torna mais belo o gesto do hoje papa emérito.

Assim, o respeito às limitações, ou às fronteiras, convive com o desejo de ignorá-las. Vivo esse diálogo interno, eu, aos 25 anos, a conviver com um RG que afirma insistentemente meu direito de pagar meia no cinema. Certo, tornei-me cauteloso com as calçadas e seus buracos, sem abrir mão de, com um amigo de 88 anos (pelo RG), fazer turismo no Rio, uma fronteira deliciosa que insistimos em defender. Mas de carro, claro.

As limitações podem ser também um ativo a se explorar. Em pequena escala, como *les misérables* exploram nossa "culpa" ao exibir suas chagas no trânsito. Em larga escala, as "zelite" devem abrir mão do seu direito à propriedade e à meritocracia para indenizar as limitações supostamente por elas impostas aos "sem-terra", "sem-teto", "sem-bolsa-ditadura", "sem alguma coisa" passível de exploração. "Sintam culpa e paguem por ela", dizem as esquerdas no poder. Descobriram o domínio pela culpa, não precisam mais de revoluções para acabar com a democracia.

O politicamente correto é filho desta descoberta: como controlar nossa vida, dizendo que é para o bem do povo. Como secar a fonte de verba publicitária da imprensa (a que lhe dá liberdade de discordar do governo)? Ora, é só sair proibindo anúncios de "coisas que fazem mal", critério tão vago que pode abranger de tabaco a brinquedos infantis.

É verdade que às vezes erram a mão. Como quando resolveram calar a blogueira Yoani Sánchez, e ela respondeu: "Quisera eu que em Cuba se pudesse protestar assim."

Brilhante.

LUCIDEZ

Quem viu o ótimo filme argentino *O filho da noiva*, com Javier Darin (ah, a inveja dos bons roteiristas *hermanos*), sabe que ele trata de uma senhora com demência, que já vive com seu marido há décadas, mas ainda sonha com um casamento na igreja, desejo que seu filho se empenha em realizar. No entanto, se depara com um obstáculo: o pároco consultado diz que não pode realizar aquele casamento, pois o sacramento do matrimônio só é dado às pessoas com completos discernimentos e lucidez de escolha, coisas que faltam à velha senhora. O filho retruca, irritado: "Padre, eu me casei com 21 anos e me divorciei aos 25. O senhor acredita que fiz aquela escolha em estado de plenos discernimento e lucidez? Acredita realmente? Meus pais vêm reiterando a escolha de um pelo outro, que fizeram há mais de quarenta anos, e porque minha mãe sofre de Alzheimer, o senhor vem dizer que ela não pode se casar?"

O diálogo é um dos pontos altos do filme, pleno de discernimento e lucidez que diferem do senso comum. Este último disse que o rapaz de 21 anos, ele sim, estava em condições para fazer essa escolha (casar-se) em pleno uso de suas faculdades mentais.

Não à toa, um jesuíta, renomado conhecedor do direito canônico, concluiu que cerca de 90% dos casamentos católicos poderiam ser anulados, a se levar seriamente esta cláusula de impedimento, e registrou sua opinião em livro que não li, mas me foi assegurado por um amigo católico que o leu e que, por ser advogado, se interessa muito por tais questões. O autor: Pe. Jesus Hortal, antigo reitor da PUC-RJ. Se algum leitor tiver conhecimento do contrário, por favor, me avise. (Depois que esse artigo foi publicado, o próprio Pe. Hortal me escreveu, esclarecendo que eu havia sido um tanto exagerado, mas que seu ponto de vista era aquele mesmo).

Pois bato os olhos num artigo da revista *Scientific American* deste mês, em que o holandês Sanne Nants escreve um artigo que vem dar base à nossa percepção intuitiva. Estamos cansados de saber que os homens, em interação com uma mulher que os interessa muito, se comportam como bobos, sem saber o que dizer, como se seus cérebros estivessem rateando.

Ora, na pesquisa, ele relata o enfraquecimento cognitivo que nos acomete antes e depois de interagir com uma mulher atraente, e que acontece com a simples *antecipação mental* de um encontro desses.

O teste de Stroop foi aplicado. Ele exige rapidez cognitiva diante de um truque gráfico. Homens e mulheres o fizeram com a informação de que estariam sendo observados (através de uma câmera), ou por um homem ou por uma mulher, de quem eles só sabiam os nomes. As mulheres não mostraram diferenças nas respostas, não importando o gênero do observador. Mas os homens... a despeito de não interagirem com a observadora, mostraram grande dificuldade com o teste, *só de imaginar que uma mulher os observava*!

Por essas e outras tenho feito campanha para que os casais só tenham filhos (uma sociedade que não se desfaz) quando passar o estado de paixão. Veja, se o simples saber-se observado por uma mulher é capaz de perturbar o raciocínio de um homem, que dirá a paixão, que é um estado de insanidade transitória.

NÃO SEI

Será que a origem e o desenvolvimento do indivíduo (ontogênese) repetem a origem e o desenvolvimento de sua espécie (filogênese)? Sei que essa teoria já foi desacreditada há tempos, mas às vezes ela faz sentido. Todos nós, quando crianças, precisávamos nos agarrar a fatores externos que nos dessem segurança. Real ou inventada, acreditávamos na proteção dos pais, das preces, de nossas crenças, das superstições, dos rituais, das explicações que arranjávamos para tapar os buracos de nossos conhecimentos, e desprezo total para escapar do que não nos era alcançável, como uma língua estrangeira, por exemplo. Mesmo aí, lembro-me de inventar uma algaravia de sons parecidos para poder cantar músicas em inglês.

À medida que crescemos, vamos descobrindo que não sabemos inglês, que a tempestade com trovoadas não é consequência da lavagem do céu e de móveis lá empurrados para a faxina, que os bebês não são trazidos pelas cegonhas e que se fecharmos os olhos bem apertados, as ameaças não somem. Perdemos frequentemente até crenças religiosas. Ou seja, migramos do mundo mágico para um realismo relativo.

Ora, o mesmo aconteceu com nossa espécie. Nossos antepassados tinham uma quantidade de crendices semelhantes às que as crianças têm. Nós saímos da infância, a espécie também foi saindo.

O que não significa que, adultos, desprezemos o pensamento mágico para produzir uma sensação ilusória de segurança.

Era folclórico no colégio: um livro grosso de problemas de matemática nos dava uma compulsão masturbatória. O que há de erótico na matemática? Nada, claro. Era o horror do abismo da nossa ignorância exigindo um mecanismo de defesa, um devaneio que tirasse nossa atenção daquilo.

Enfrentar o "não sei" nunca foi fácil, quer para o indivíduo, quer para a espécie. No entanto, pensar "não sei, mas quero saber" foi o motor da filosofia, que depois foi mãe da ciência. Repare no entorno. Quantas pessoas respondem "não sei" a qualquer pergunta que lhes seja feita? Muito poucas. Todos têm explicações engatilhadas, teorias engendradas, receitas preparadas, conselhos a dar a cada problema que lhes é apresentado: "Ah, vai ver que é porque..."

Mesmo os cientistas, eles ficaram tão deslumbrados com o "poder mágico" da ciência e da tecnologia, que passaram a endeusá-las como crianças e suas crendices. Uma paciente foi ao oftalmologista. Ele ficou horrorizado porque, pelo aparelho, sua pressão ocular era zero. Ela foi a três outros, só para ouvir o mesmo. Finalmente consultou-se com um quarto. Este nem usou aparelho. Simplesmente apertou o dedo em seu olho e disse: "Um olho é como um pneu de bicicleta. Quando não tem pressão, o dedo afunda. O seu tem." Era a forma da córnea que impedia a medição. Mas para os outros, se o aparelho dizia zero, zero deveria ser. A ciência era inquestionável (e olhe que, por definição, ela é o interminável questionamento).

A verdade é como o açúcar do Barão de Itararé: "Uma substância que dá muito mau gosto ao café, em se não lho botando." Apesar de ser uma discussão filosófica dos diabos, dispensar o conceito de verdade como farol guia é um total tiro no pé do nosso processo de pensamento. Não foi por acaso que escolhi a definição do Barão, mas... nossa espécie, em geral, parece preferir café amargo.

O EXCESSO

Nossa espécie possui uma tendência exclusiva, que traz em si, receio, nossa própria perdição. É a húbris (o termo que os gregos usavam para a desmesura, o excesso, o exagero, o ardor, a ganância, o drama siciliano etc.). O termo existe em português, pode conferir.

O fato é que nenhuma espécie ri como nós rimos (ou gargalhamos, a ponto de "rir maluco", como os franceses chamam); chora como nós choramos (aqui entra o exemplo do enterro siciliano, com rasgar de vestes, desmaios, a viúva se lançando dentro da sepultura do marido, "Me enterra com ele!", berros e soluços); goza como nós gozamos (está bem, concedo que os chimpanzés bonobos talvez nos superem nesse quesito, mas nunca ouvi falar que eles se estrangulassem para aumentar a intensidade do gozo); ostenta como nós ostentamos para demonstrar poder e riqueza (um pavão perde de longe para Dubai ou uma festa de Bar Mitzvah); busca se entorpecer como nós o fazemos (com uma quantidade crescente de substâncias); dramatiza como nós (aí moram a atração pela teledramaturgia e o engarrafamento na pista oposta, só para ver o desastre); acumula bens como nós (basta ver a resistência que a lei da "ficha limpa" enfrentou, sem falar na necessidade de sua existência), e por aí vai, você pode bem pensar em outros exemplos.

Três atualidades me levaram a comentar o tema: a epidemia de crack, a China e o risco nuclear no Oriente Médio. A primeira fala de uma droga que vicia quase a partir do uso inicial. Concordo que a heroína também, mas ela é cara e só dá barato nas primeiras vezes. Depois, o viciado a usa para não ter síndrome de abstinência e ficar "normal".

O crack é barato (sua margem de lucro pode ser baixa, pois se vale da economia de escala), mantém a clientela cativa, torna-se o maior valor da vida de uma pessoa (senão o único) e tem um potencial destruidor dos costumes muito mais grave do que o ópio teve para a China. É a droga das multidões. O pior é que ainda não sabemos como lidar com o problema social/pessoal que ela produz.

Falando da China... A ambição de ter um padrão de vida americano (da classe média alta para cima), e seu ritmo de crescimento, sugere que ela vai chegar perto, se não ultrapassá-lo. Ora, o planeta já não consegue dar conta de quem vive nesse padrão americano, que dirá com a demanda chinesa entrando em cena. É claro que o planeta não corre riscos. Ele não está nem aí para nós. É apenas nossa espécie que corre. Atenção: querer sair da miséria não tem nada a ver com a húbris. É legítimo e sustentável.

E o Oriente Médio? Esqueci de dizer: ninguém consegue ser tão fanático como nós. Aquilo está virando um barril de urânio enriquecido. O ministério do "vai dar merda" adverte...

Veja você: a própria Grécia clássica, que nomeou a húbris, onde os filósofos faziam campanha pela moderação, não apenas os estoicos, mas os cínicos e epicuristas também, ela mesma se perdeu pela ganância militar, e nem estou falando da Grécia atual, que está à beira de se perder por outro tipo de ganância.

PALAVRA E PENSAMENTO

Meio da madrugada. Minha filha, bebê, choraminga pela babá eletrônica. Acordou com fome. Meu ritual de todas as noites: pego a mamadeira e vou com ela até a porta de seu quarto. No que giro a maçaneta, ela para de choramingar. Fiquei pasmo, pois ali havia se dado nossa primeira comunicação por símbolos. Seu choro era um chamado, o ruído da maçaneta, uma resposta. Ela não precisava continuar chamando, por isso, parou. Símbolo é algo que serve de referência para outras coisas ou ideias.

"Ora, isso é apenas reflexo condicionado, coisa de que qualquer cão é capaz, vide Pavlov." Sim, mas o condicionamento de reflexos é apenas outra maneira de se descrever nossa capacidade de formar símbolos. Ainda que rudimentar, seja nos cães, seja na minha filha de meses, o programa mental que junta acontecimentos a sons ou imagens a partir de memórias, fazendo que um signifique muitos, está em nossos cérebros.

Está cada vez mais difícil completar a frase "o ser humano é o único animal que...". Pensamos hoje que é a quantidade, e não a qualidade, o fator determinante de nossa complexidade.

Mas a quantidade é assombrosa quando nos diz respeito. Volto à minha pequena, lembrando a primeira palavra que disse. Era um verbo no passado. Vendo que a água do copo parara de verter, anunciou: "Cabô." Ali estavam representados conceitos amplos, como o de finitude, limites, volumes, desapontamento etc. De forma rudimentar, claro, mas as portas estavam abertas para que a complexidade de sua expressão, de seu pensamento, nunca mais parasse de aumentar, vida afora.

Disse que os ingleses tiveram uma sorte enorme com a invasão normanda, que lhes trouxe o latim para enriquecer o tosco anglo-saxão que falavam. Vendo a extraordinária série *Downton Abbey*, percebi que o roteirista quase só pôs derivados do latim na fala dos personagens, quer os do andar de cima, quer os da criadagem. Para ilustrar o ganho de complexidade, pego o uso de *enter* no lugar de *come in*. Este tem uso restrito, prático. Aquele contém desde a permissão para abrir a porta e avançar até nossas "entradas e bandeiras", o partilhar da intimidade, o acolhimento, as conquistas territoriais.

Lembrei de um cartaz: "Quem não lê, mal fala, mal ouve, mal vê." E me lembrei da diferença entre o olho que sabe e o olho que vê. Um burro olhando para um palácio usa o olho que vê. Um arquiteto culto usa o olho que sabe, e assim percebe as cornijas, as ameias, os capitéis, as gárgulas, os frontões, a história, a época, a mitologia, as batalhas, as armas de defesa (a começar pelo próprio castelo, que não é uma moradia qualquer), a economia, as castas, a política, um mundo de informações contido naquelas pedras empilhadas.

O que só pôde ser percebido porque aquele "Cabô" da primeira infância veio conversando com o mundo, enriquecendo-se com os livros, os dicionários, as línguas estrangeiras, os meios de comunicação. Com a santa internet, aquela que nos dá o Google e as enciclopédias. Assim, a capacidade de simbolizar do "Cabô" não se acaba jamais.

PALMADA

Há um fato de que a maioria de nós não sabe ou esquece: o exercício da autoridade, ou das leis, se baseia, em seu extremo, no uso da violência. Como não pode existir lei sem a punição correspondente, senão ela será desprezada, a punição vai desde a ameaça à execução de castigos, e é por isso que precisamos de Forças Armadas, como visto nas ocupações das UPPs nos morros do Rio.

Há mais de dez mil anos o homem vive em cidades. Convive com pessoas que não são de sua família, nem de sua tribo. Antes disso, qualquer contato com estranho resultava em luta mortal. Estranho = inimigo. É fato até hoje na Papua Nova Guiné: se dois estranhos se encontram numa trilha, conversam até descobrirem um parente em comum. Se isso não acontece, partem para um embate mortal.

Como foi possível, pois, a convivência pacífica de estranhos em cidades? Pela instituição do Estado, e de seus chefes, que se tornou monopolista da violência. Pela invenção das leis. Pelo estabelecimento das punições aos transgressores.

O Código de Hamurabi impunha punições bárbaras: "Olho por olho, dente por dente." As leis e as punições foram se tornando mais civilizadas, mas o princípio do monopólio da violência pelo Estado continua sendo um dos pilares da democracia. Você tem uma contenda com seu vizinho? Traga-a ao Estado, pois se você quiser resolvê-la com suas próprias mãos, você será criminoso também. Há exceções: legítima defesa e violência consensual, como nas lutas de MMA e nos acordos S&M (sadomasoquistas).

Então, por que eu sou contra a lei da palmada (projeto de lei que consideraria qualquer palmada como maltrato à criança, e assim ela ficaria proibida)? Imagine levar uma criança transgressora às barras do tribunal para que o Estado a punisse. É coisa de doido.

Defendo que a palmada (que promove mais susto do que dor ou lesão) seja igual à atitude dos gorilas, que impõem sua autoridade ao bater no peito, no urro e no avanço assustador sobre o oponente, sem danos físicos. Eles só dizem: "Eu sou mais forte, eu estou no comando."

Castigos que causam lesão já são punidos por leis. Uma família não passa de um pequeno Estado, com chefe responsável pelas leis e as punições que impõe.

Nascemos pequenos trogloditas, a educação é um processo civilizatório. Dez mil anos em alguns. Não precisamos da tutela do Estado maior para dirigir nossas famílias. É tentativa de autoritarismo, sutil que seja. Imagine a cena de um chefe de família amedrontado pela lei da palmada e pela denúncia do vizinho. Qual a alternativa? Convencer com palavras seu filho de um ano que ele não deve machucar seu irmão bebê? Que tal, hein? Sua raiva sairá muito mais cruel e sutil. Você já levou "gelo"? Então sabe do que estou falando. Pais podem torturar seus filhos sem encostar um dedo.

Daí, uma proposta singela, vinda dos islâmicos: a adoção de chibatadas como pena alternativa para pequenos delitos. Deixemos de hipocrisia: a prisão para quem não ameaça a sociedade é castigo brutal, uma escola de revoltados. "Ah, ele vai virar 'noivinha' no primeiro dia." É **tortura terceirizada**.

Posto diante da escolha: dez chibatadas pelo carrasco mecânico (ajustado para não causar lesões) ou dez meses de prisão? Adivinhe a escolha?

PRECIOSA DESCONFIANÇA

A desconfiança é a mãe do pensamento humano. Ela é o início da reflexão. É um humano se olhando no espelho enquanto olha para o outro, dizendo: "Eu sei ser vigarista, logo eu posso reconhecer um vigarista. Acho que este cara está querendo me passar a perna."

A confiança é berço esplêndido, necessária para o descanso do corpo e da alma. Mas você reparou que antes de apagar a luz e deitar a cabeça no travesseiro, nós verificamos se as portas estão trancadas, o gás desligado e tomamos outras precauções? Pois é a desconfiança cuidando para que possa haver confiança.

Se alguém te pedir confiança cega, para pôr a mão no fogo, para acatar dogmas sem discussão, para seguir o líder sem reparos, para não pecar por pensamentos (no meu tempo de aluno dos jesuítas, o pecado de pensamento era de um tipo geralmente sexual; hoje é pensar sem ser politicamente correto), para não questionar o "centralismo democrático", nem as tarefas do Partidão, para achar que aos pobres, aos diferentes, aos índios, às "comunidades" e assemelhados, tudo devemos, pois carregamos a culpa imemorial de nossos antepassados e seus "malfeitos", bem, se te pedirem isso, desconfie! Estão querendo te passar a perna. Se te disserem que esse negócio de ética é relativo, pois tudo na vida é relativo, inclusive o pronome objetivo, desconfie.

A desconfiança é a fiadora da liberdade, não só de pensamento, mas em amplos termos. Você sabia que a democracia tem três poderes independentes com a intenção básica de um desconfiar do outro? É a maneira de nos prevenir da tirania.

Se o executivo compra o legislativo com um mensalão, estamos no caminho da tirania. Se a imprensa é controlada para só dizer o que interessa aos donos do poder, tirania outra vez. A propósito, homenageio aqui o Millôr Fernandes, repetindo-o: "Imprensa é oposição, o resto é armazém de secos e molhados."

Se te disserem que as Forças Armadas são um mal, eternamente preparando um golpe, desconfie. É certo que você também deve desconfiar delas, mas há lemas que saem de lá extremamente confiáveis: "O preço da liberdade é a eterna vigilância"; *Si vis pacem, para bellum* (se queres a paz, prepara a guerra). Esta última me lembra as "passeatas pela paz", todos de branco, achando que iam comover os meliantes, enquanto eles gargalhavam dos otários. Tinha vontade de vomitar ao ver essas cenas pela TV. E adorei ver os tanques entrando no Complexo do Alemão, enquanto os "malfeitores" fugiam. O que foi mais eficiente? As passeatas pacifistas ou as UPPs?

De mais a mais, não há lei sem desconfiança e punição para quem a transgride. Se uma lei quer punir a senhora cega, velha e surda que matou o invasor de sua casa armado de uma faca, desconfie dessa lei. Se o candidato não tem currículo, tem folha corrida, movimente-se pela desconfiança para fazer uma lei da ficha limpa.

Dois movimentos atuais me produzem intensa desconfiança: o "politicamente correto" e o "ecologicamente correto". Suspeito de que os governos estão querendo invadir minha praia, roubar minha individualidade, "com as melhores intenções", aquelas que desde sempre têm forrado o inferno.

PRECONCEITO

A palavra inglesa (também do latim) *prejudice* é mais precisa do que a nossa, pois sugere julgamento antecipado e prejuízo, dano. Já *preconceito* fala de um conceito pré-formado. Ora, você que está vendo essas manchas de tinta no papel só entende o que quero dizer porque tem um conceito pré-formado (na escola e na vida) de como elas soam e o que significam.

Ou seja, passamos a vida usando conceitos pré-formados que lhe dão sentido e que a salvam (quando você só atravessa no sinal verde, por exemplo).

O clima do "politicamente correto" em que nos mergulharam impede o raciocínio. Este novo senso comum diz que todos os preconceitos são errados. Sobre o que um amigo observou: "Então vocês têm preconceito contra os preconceitos." Ele demonstrava que é impossível não ter preconceitos, que vivemos com eles e que grande quantidade deles nos é útil. Estatisticamente útil. Você entraria sozinho num elevador que só portasse um tipo muito mal-encarado? Está vendo? Eu não disse "pitboy marombado, cheio de piercings e tatuagens, com cabelo moicano". Bastou dizer "tipo mal-encarado" que você pensou "Melhor não...". E se ele for uma flor de pessoa? Mas a estatística diz que não, melhor não ("forma é conteúdo", dizem os filósofos).

É noite, a rua é mal iluminada, e na sua direção, na mesma calçada, vem um senhor negro de terno carregando uma pasta de trabalho. Por acaso seu coração dispara e você muda de calçada? Não, porque usou seus preconceitos, ainda que ele possa ser o assassino do parque ("Pouco provável", dirá você, usando a estatística a seu favor).

Mas, afinal, quais preconceitos são prejulgamentos danosos? São aqueles que carregam um juízo de valor depreciativo e hostil.

Lembre-se do seu tempo de colégio. Quem era alvo dos *bullies*? Os diferentes. Pense nos apelidos: girafa; pintor de rodapé; rolha de poço; Pelé, tição; quatro-olho; nerd, cdf; "mulerzinha". Um amigo sardento era chamado de "arroto de Fanta"! As crianças parecem repetir a história da humanidade: nascem trogloditas, violentos, cruéis com quem não é da tribo, e vão se civilizando aos poucos. Alguns, nem tanto. Serão os que vão conservar esses rótulos pétreos, imutáveis, muitas vezes carregados de ódio contra os "diferentes" e difíceis (se não impossíveis) de mudar.

O curioso é que existem preconceitos a favor. As pessoas belas são talvez o maior exemplo. Mas estes costumam mudar com relativa facilidade. Não demora muito para você descobrir que aquele Apolo tem um caráter questionável, e o preconceito já vai mudando.

O problema são os preconceitos contra que resistem a tudo, impedindo que você veja a pessoa, o indivíduo, que deixa assim de ser "essa gente". O preconceito danoso sempre considera tribos ou grupos, "os diferentes são todos iguais", sempre referidos como "eles".

São esses preconceitos que devem ser punidos como crime, quando causam dano a alguém. Outra coisa bem diversa é um preconceito que percebemos em nós, mas cuidamos de questioná-lo e não deixar que ele transborde como prática.

NEGAÇÃO E RACIONALIZAÇÃO

Um cliente me explicou que, quando Hitler começou sua ascensão ao poder, os judeus alemães se dividiram em três grupos: o primeiro, de baixo teor de negação, anteviu o desastre e se mandou; o segundo, em que a negação conversava com a racionalização ("Afinal, não pode ser tão ruim, ele está melhorando a Alemanha."; "É, mas o discurso dele é autoritário, e você sabe como ele se sente em relação aos judeus." "Mas nós ainda somos uma democracia, podemos fazer alguma coisa."), escapou por um triz, na última hora. O terceiro negou até o fim, e acabou nos Auschwitz da morte.

Negação e racionalização fazem um par de mecanismos de defesa automáticos que são necessários para nossa saúde mental, mas que se tornam doença quando passam do ponto.

Precisamos de mecanismos de defesa mentais que nos protejam do excesso de realidade. Sem eles, a consciência da morte nos deixaria imobilizados, e ninguém entraria num avião (duas violências contra nossos instintos: confinamento e altura). Veja a conversa dos dois: "Não vai acontecer nada", diz a negação. "O avião é a maneira mais segura de viajar, já pensou em quantos aviões partem e chegam ao destino inteiros por dia?", diz a racionalização.

Há uma negociação permanente, uma avaliação de custos e benefícios sem percebermos, que usa esses mecanismos: "Risco há, mas pequeno." "E depois, eu chego a Paris." "Logo comigo vai acontecer alguma coisa?" É raro que tomemos consciência desse diálogo interno, mas ele se dá, praticamente, a cada ação humana.

Esses mecanismos nos defendem das ameaças que vêm de outro programa mental, o superego. Ele nasce conosco para nos dar medo de perigos ancestrais (escuro, altura, confinamento, cobras e insetos voadores, por exemplo). Não se tem medo de automóveis, é coisa muito nova para o superego ter absorvido. Alimentado por nossa criação, ele pode se tornar um crítico exigente e severo, sempre a nos julgar mal e a nos ameaçar com a imaginação das piores coisas. Nessa hora entram os mecanismos de defesa, para abafá-lo.

Vivemos um equilíbrio delicado: se o superego passa do ponto (como quando pensamos em problemas no escuro da noite insone ou em situações de stress), somos capazes de adoecer de depressão, de vícios ou de loucura (mecanismos de defesa graves).

Se os mecanismos de defesa passam do ponto, podemos desconsiderar perigos e acabar como os judeus de Auschwitz.

A presidente falando na TV me apavorou. Além de vender uma negação absurda (só pensam em racionamento de energia os inimigos do Brasil), ela dividiu o país em dois grupos: "nós" (patriotas e apoiadores do governo/país) e "eles" (os pessimistas, críticos do governo/país, que ela parece pensar como uma só coisa: o inimigo).

Uma espécie de "Brasil, ame-o ou deixe-o". Médici não faria melhor.

Sou um "deles", um dos inimigos da pátria. Em que grupo de judeus estarei eu? Acho que no segundo. "Ainda somos uma democracia"; "Mas e a Venezuela, que essa turma adora?"; "Olha o Supremo!"; "Olha o Congresso..."; "Mas tem a oposição"; "Que oposição?"

Está bem, vou ficando, fazendo o que posso, mas de olho!

PACTO ANTINATURAL

Chama-se pacto antenupcial ("ante", de antes, e não "anti", de contra) o acordo que um futuro casal faz para estabelecer separação total de bens. Ou seja, o que é meu será sempre meu e não se misturará com o que será sempre seu. Serve para que o "meu bem" dos tempos de namoro não se transforme em "meus bens" na hora da separação. Hoje também se aplica às uniões estáveis, podendo ser formalizado em cartório facilmente.

Quanto a essas últimas, deve-se estar atento ao *timing*, pois haverá juízes que considerarão haver união estável com um ano de namoro, mesmo quando o casal mora em casas diferentes.

A grande maioria dessas propostas nada românticas é feita por homens e ressentida pelas mulheres. "Mas como?", pode-se perguntar, uma vez que o feminismo estimulou as mulheres a terem seu próprio trabalho, buscar seu sustento e independência de família ou de homem, e a ter orgulho disso. Inclusive, mulheres que ganham mais do que um marido preguiçoso seriam as primeiras a querer propor o tal pacto, mas raramente o fazem.

É profundamente injusto propô-lo, se o marido ou companheiro pedir à mulher para abandonar emprego, estudos ou carreira para se dedicar à gerência da casa e à criação dos filhos. Neste caso, ela terá toda a razão de querer (numa separação) reverter o pacto. E tem grandes chances de consegui-lo na Justiça.

Então por que a maioria das mulheres se ressente dele ou não o propõe?

Porque ele vai contra a natureza humana. Por centenas de milênios o fardo da procriação sempre foi maior para a mulher do que para o homem. Elas sempre precisaram de ajuda. A participação do homem pode acontecer em segundos. A da mulher é muito maior: ela engravida; corre riscos de vida na gravidez, no parto e depois dele; amamenta; precisa zelar pela cria, que corre perigo de morrer facilmente se não for bem acompanhada etc.

Não é à toa que a seleção natural favoreceu aquelas que conseguiram o apoio de um ou mais homens, mesmo que o filho não fosse deles. Estas tiveram melhores chances de que seus filhos vingassem.

Ora, é impossível mudar rápido um traço genético tão forte. Vejo mulheres "independentes ressentidas" ("Homem nenhum me banca! Eu ralo, mas eu tenho o meu orgulho!"). Não se ouvirá um homem dizendo tal coisa, pois para eles, bancar-se é um fato da vida, e para a mulher é uma dura conquista recente.

O romantismo agrava tudo ("Você está se casando já pensando na separação?"). Ora, o fato de existir um contrato implica a possibilidade de destrato, uma vez que a união é **também** a formação de uma sociedade comercial ("Ai, que horror!").

Outra agravante é que as mulheres descobriram o orgulho de trabalhar, mas ainda não descobriram bem seu valor em dinheiro. Por mais dedicadas que sejam, são péssimas negociadoras salariais. Patrões sovinas se aproveitam disso com alusões emocionais: "Nesta empresa, somos como uma família." Elas mesmas às vezes dão um tiro no pé quando reagem ofendidas a uma proposta de aumento salarial mesquinha: "Eu não preciso disto aqui, tenho marido, sabe?" É música para os ouvidos do empresário sovina.

Mas as coisas estão mudando. Minha filha (bem assalariada) faz graça comigo: "Meu pai pensou que ia ter que me sustentar pelo resto da vida." É verdade, pensei...

ROMANTISMO

O amigo ficou horrorizado quando lhe contei alguns fatos da vida: que os partos se dão como rejeição imunológica ao corpo estranho transplantado para o organismo da mãe, que até se segura equilibrado na corda bamba por 40 semanas, mas ao fim delas o organismo expulsa aquele invasor.

Que a quantidade de abortos espontâneos é enorme e invisível, pelo mesmo processo. Que ninguém deve chorar pela perda de um feto antes dos seis meses (afora problemas uterinos corrigíveis), pois a natureza está apenas se livrando de um produto defeituoso.

Que o homem deposita na fêmea de sua espécie três grupos diferentes de espermatozoides, e apenas um deles é fecundador. Os outros dois só existem para atrapalhar os gametas de outros homens (que, como a mãe natureza presume, copularam com a fêmea no mesmo período). São os matadores (capazes de detectar espermatozoides alheios e de destruí-los com suas enzimas) e os obstrutores (que entopem a passagem de outros nos canalículos do colo do útero).

Que, diferentemente do pensamento do senador republicano Todd Akin ("os casos de gravidez depois de um estupro são muito raros" e "se for um estupro de verdade, o corpo da mulher tenta, por todos os meios, bloquear a gravidez"), a mesma mãe natura considera o estupro apenas como uma das formas de reprodução, bem eficaz, a propósito, já que os índices de gravidez pós-estupro são bem maiores que os do sexo amoroso (na Bósnia-Herzegovina, mulheres de 9 a 50 anos engravidaram dos soldados estupradores).

Para piorar a situação, o sexo violento é, em geral, mais fértil que o delicado, por isso as mulheres engravidam mais dos amantes "bicho-pega" que dos maridos acomodados. Que os animais comoventemente monógamos (cisnes, pombos) geram em torno de 20% de crias bastardas. Quando começaram os testes de DNA em humanos, surpresa: nos casais mais pobres, o nível de frutos extraconjugais se igualava ao das aves, caindo à medida que a posição econômica do marido aumentava (mas nunca sumindo).

Que uma pesquisa americana perguntou às mulheres o que elas prefeririam: ter como marido um fiel e pacato classe-média ou ser a quinta concubina no harém de John Kennedy? Preciso dizer que resposta ganhou com ampla maioria?

"Mas e o romantismo?", perguntou ele. Vamos por partes. Primeiro, ele **não** foi uma criação cultural dos trovadores do tempo das Cruzadas, maridos lutando, mulheres em torres. Nem começou na idealização dos amores impossíveis.

Com traços mais toscos, ele é produto da seleção natural. Uma forma de reprodução que aposta mais na qualidade, pelo investimento do homem na mulher e suas crias (maior taxa de sobrevivência, melhor alimentação e proteção), que na quantidade, a estratégia do estuprador.

Logo, não podemos construir nossa ética com base na natureza. O que faz um leão antes de se acasalar com uma fêmea sem macho, mas com filhotes? Mata-os a todos, **o que produz instantânea ovulação na fêmea**.

Não é incomum que um homem tenha o mesmo impulso, mas a civilização tem outros fatores a considerar.

QUE MÃE?

Aparecem notícias de que um cientista russo foi queimando neurônio por neurônio no cérebro de um paciente que queria se livrar das memórias de sua mãe, que o atormentavam. Finalmente, bingo, o paciente nem sabia mais que havia tido mãe! O cientista queimara o "neurônio-chave" da lembrança de mãe.

Todo o meu prezado ceticismo veio à tona ao ler essa notícia. Um neurônio para mãe?

Mas... que mãe? Sua mãe da infância, da adolescência ou a atual? A que o atormentou e a que o encantou? A que ele comparava, invejoso, com a mãe de seus colegas? A que o levava ao colégio ou a que o esquecia lá? A que usava Joy do Jean Patou nos anos 1950 e passou para Diorissimo nos 60? A que pedia que ele a ajudasse a abotoar a cinta? A que o espancava com o cinto? A que o seduzia e depois o abandonava? A chantagista emocional? A mãe idealizada que convive em todos nós? O ódio dela que ele cultivou por anos? Os mil ressentimentos entrelaçados em suas relações com as mulheres e com a vida?

O próprio conceito de mãe, maternidade, instinto materno, vocação maternal, matriz, a mãe gentil dos filhos deste solo, língua-mãe, *mater eclesiae*, Santa Maria, mãe de Deus, *alma mater*, matriarcado, o indissociável conceito de filho, filial/matriz, mamãe, mamãe, o avental todo sujo de ovo, o churrasquinho de mãe, do Teixeirinha ("O maior golpe do mundo que eu tive na minha vida foi quando com nove anos perdi minha mãe querida" – veja no Youtube, se você não conhece), "Minha nossa (Senhora)!", mãe em outras línguas, *motherfucker*, mãe das águas Iemanjá, "É a mãe, seu...!", matricídio?

Uma coisa é certa: essa mãe foi de uma importância enorme na vida do sujeito/objeto dessa experiência, senão ele nem iria pensar nela, quanto mais se sujeitar a um procedimento tão arriscado.

Tendo sido importante, sua memória se conecta com praticamente todas as vivências que ele teve, através de vários graus de separação (diz-se que estamos ligados a quase todas as pessoas do planeta por até seis graus de separação, assim: minha mãe conheceu Hitler em Berlim, nas Olimpíadas de 1936, logo, estou ligado a ele por dois graus, e por aí vai).

Se assim é com pessoas, que dirá com memórias. Uma puxa a outra porque se vinculam pelas conexões neuronais, numa rede gigantesca. Freud dizia que se poderia reconstituir a vida inteira de uma pessoa a partir de um único sonho. Ele vislumbrou, assim, o que era a rede neuronal e a complexidade que ela tem, muito antes da neurociência e das ressonâncias magnéticas funcionais.

Eis por que não acredito na experiência do russo. A menos que ele esteja a reproduzir o feito que deu ao português Egas Moniz, em 1949, o primeiro prêmio Nobel que seu país recebeu (o outro foi para o escritor José Saramago): a invenção da lobotomia como método de tratar violentos incuráveis (e transformá-los em vegetais ambulantes). Seria a única maneira de erradicar a memória de mãe numa pessoa para quem ela fez diferença (para o bem ou para o mal, não importa).

Um caso típico de, como no antigo ditado, "jogar fora o bebê junto com a água do banho".

VASTO TEMPO IMEDIATO

Einstein submetia-se a situações constrangedoras por sua fama. Numa ocasião de gala, sentado junto à senhora socialite, ouviu dela uma dessas perguntas feitas para preencher o silêncio: "Professor, poderia me explicar o conceito de tempo na sua teoria da relatividade?" Conformado, respondeu: "Imagine-se por duas semanas junto a quem mais ama. Agora imagine-se por trinta segundos sentada sobre uma chapa em brasa. O que demorou mais a passar?"

O escritor Carlos Sussekind me apresenta sua intriga: "Hoje em dia me dizem que é preciso viver o presente. Não entendo isso. Minha mente transita sem parar entre o passado e o futuro, qualquer que seja o estímulo atual." Consolo-o: todos nós somos assim. Só quem vive apenas o presente é quem tem Alzheimer. Se o leitor vivesse isso, essas manchas de tinta que vê não teriam sentido algum. Sem perceber, seu curso de alfabetização é presente.

A principal característica que nos diferencia de outros animais é quantitativa, e nosso bê-á-bá com os alicerces de nossa memória dão a dimensão dos bilhões de terabites contidos em nosso cérebro.

É um erro comum pensar que o inconsciente freudiano é inalcançável por conta da repressão. Não é. O tamanho de informação inconsciente que carregamos é infinitamente maior do que o reprimido, apesar de um contaminar o outro.

Mas está inconsciente por quê? Pela mesma razão que as fundações do prédio onde você mora nunca mais serão vistas: elas são básicas, mas são o passado enterrado. Tanto quanto nossa incapacidade de reconstruir nossa alfabetização (que, aliás, continua em processo: pense em excitação; hesitação; exceção; estender; extenso; tenho "uma dó" ou tenho "um dó"? Você não hesita antes de escrevê-las?).

É passado e presente ao mesmo tempo, já que nosso inconsciente é atemporal. Quem não teve dor de barriga em janeiro, pensando no vestibular em dezembro?

Lá vêm os gregos de novo em nosso socorro. Foi ontem mesmo (há 2.400 anos) que eles pensaram na ideia de *kairós*, o tempo oportuno, ou o momento em que as coisas se encaixam. Ele é intensivo, em contraste com *chronos*, o tempo medido, extensivo, o que se estende.

Escrevo no 31 de dezembro. Um dia perdido no *chronos*, mas não no *kairós*. Temos uma impressão, ancorada no inconsciente, de que ele tem algo de especial, um poder mágico de virada, hora de olhar para o ano que passou, planejar o que vai começar, dimensionar a velhice. Andei pensando nesses conceitos de tempo ainda outro dia e resolvi escrever sobre eles, mas só hoje me dei conta de que escrevo num caderno chamado "Cotidiano", e de que é réveillon: vai ser *kairós* assim no Hades...

Drummond escreveu uma crônica (de "chronos") num dia de apagão, descrevendo sua casa vista à luz de um foco de lanterna e como cada fragmento iluminado ganhava um mundo de memórias que, se visto em conjunto, não seriam despertadas. Para cair no esquecimento do inconsciente assim que o foco se movia.

É dele também este primor da atemporalidade da mente: "...as coisas tangíveis tornam-se insensíveis à palma da mão. Mas as coisas findas, muito mais que lindas, estas ficarão" (poema "Memória").

GRATIDÃO E FÉ

Quer ficar pobre, mas pobre mesmo? Aplique todo o seu capital comprando ações da gratidão. São os papéis que mais rapidamente se desvalorizam no mercado, e com a vantagem de se tornarem negativos, ou seja, você começa no lucro e acaba devendo.

Há inúmeras ilustrações disso, aqui vão algumas. Quino, cartunista argentino da Mafalda, publicou nos anos 1970 uns quadrinhos retratando a chegada de um médico para atender uma criança doente. Os pais o veem como um anjo salvador quando ele chega e põe a criança em bom estado. No momento em que apresenta a conta, já está visto como o demo.

Shakespeare fez Polonius dar conselhos a seu filho Laertes que partia em viagem (*Hamlet*, Ato 1; cena 3). Entre eles estava "não emprestes dinheiro a amigo, que emprestar é perder dinheiro e amigo".

Conta a lenda que um monge budista caminhava por uma estrada quando foi esfaqueado pelas costas. Antes de morrer, conseguiu ver o rosto do assassino, e comentar: "Curioso... não me lembro de ter te feito nenhum bem na vida."

Ainda há o sapo e o escorpião atravessando o rio (apesar do favor do sapo que o salva do afogamento, o escorpião o mata, pois "é de sua natureza"), o homem que salvou a cobra do congelamento (e quando ela recobra os movimentos, a primeira coisa que faz é picá-lo), o lema americano

Do me no favors, reconhecendo que não há nada mais caro no mundo do que um favor cujo preço de quitação não pode ser avaliado, e outras.

O que há com a gratidão para provocar reações tão contrárias ao que nos seria intuitivo (que é vê-la como uma bela - e rara - virtude)? Logo na nossa espécie, que tem como seu melhor aspecto a capacidade de altruísmo recíproco, aquele fazer o bem com a esperança de algum retorno? (E não me venham dizer que o verdadeiro altruísmo não espera nenhum retorno, já que São Francisco de Assis, o ícone do altruísmo, rezava que "é dando que se recebe; é perdoando que se é perdoado".)

A encrenca mora no retorno. Se você faz algo por alguém que não pode te retornar com facilidade ou a coisa é tão grandiosa que é uma dívida impagável ("Eu te dei o maior presente de todos: a vida! E agora você quer sair com aquela sirigaita?"), a tendência, já que ninguém ama um credor, é que você se torne odiado, deletado da vida do outro, esquecido, e agradeça aos céus se não for assassinado.

"O combinado não sai caro" e "boas contas fazem bons amigos" são princípios de troca muito claros e presentes na cultura americana. Que brasileiro responderá a um favor com "Fico te devendo uma", como eles fazem?

De modo que, se um amigo precisa de dinheiro e não pode te devolver, dê de presente, não de empréstimo. E se você quiser fazer o bem, deixe claro que o feito traz sua recompensa em si (e traz!), sem dívidas. O que vier (quando e se) é lucro, não pagamento de dívida.

E a fé? Por definição ela é a entrega amorosa a uma crença absurda, ilógica. Ressurgiu dos mortos no terceiro dia? Subiu aos céus? Nasceu de uma mulher que não conheceu varão? Grande doação é necessária para se acreditar nisso. Mais que isso, é preciso ter um dom, tão difícil que é. Às vezes sua motivação não é o amor, mas o medo. Você viu na TV a reação histérica dos enlutados pela morte do ditador norte-coreano? Aquilo é amor? É medo, do bom. Ficamos sabendo depois que os não muito convincentes em seu pesar foram presos. Não à toa aquilo parecia uma competição de desesperos.

Reparou como na fé existe expectativa de retorno? Há uma doação, haveria benefícios. Nem sempre tão explícita como certos bispos a colocam: "Doe seu dízimo, quanto mais você doar, mais receberá de volta!" Mas pelo menos se livrar do inferno é esperado.

Por essas e outras é que penso: crer na gratidão é uma espécie de fé.

UTOPIAS

"Onde é que ele está com a cabeça?", perguntei-me ao ouvir o candidato à presidência José Serra dizer que o PT era o bolchevismo sem utopia. Fiquei pensando na frase por bem uns minutos até entender que, em linguagem de dia de semana, o que a frase queria dizer era: o PT é autoritário e não é idealista.

Utopia: "não-lugar" (lugar que não existe), a ilha ideal que morava na cabeça de Thomas Morus antes que Henrique VIII o decapitasse, existe sim, na nossa cabeça, onde vários lugares existem, quase todos eles diferentes daquele em que estamos, são chamadas as heterotopias (lugares diferentes, do grego).

"A felicidade está onde nós a pomos, e nós nunca a pomos onde estamos", dizia meu avô, citando Vicente de Carvalho, poeta de outros tempos que virou bairro do subúrbio aqui do Rio.

De fato, o mais comum em nossas vidas é estarmos com a cabeça em outro lugar, como o candidato falando para um público muito culto, enquanto o outro (preciso mesmo dizer o nome?) falava para as multidões. Quem você acha que venceu as eleições?

Não é que passear pelas heterotopias seja algo errado ou doentio. Estamos parados no tráfego, mas, com o rádio do carro ligado, viajamos para longe dali, ainda bem. Certo, ela pode ser perigosa se falamos ao telefone dirigindo. E imaginar que há quem digite torpedos enquanto dirige...

Quando nos apaixonamos, viramos nefelibatas (andamos nas nuvens), com a cabeça no mundo da lua. O emprego está chato, mas já estou naquelas férias planejadas. Todas as drogas e vícios, tabaco, álcool, carboidratos e compras desnecessárias têm a sedução de nos tirar de onde estamos e nos transportar, por minutos que seja, para um mundo diferente, cheio de glamour e de prazeres.

Na heterotopia também mora o planejamento: vejo-me velho, daqui a uns trinta sempre adiáveis anos, que a velhice deve ser como o fiado dos antigos armazéns, "só amanhã", mas amparado pela previdência ("a capacidade de ver antes"), não a pública, deus me perdoe, que essa só serve de pretexto para o governo nos arrancar mais sem devolver nada, mas a que construí com meu trabalho, que ser velho já é ruim, pobre então...

Claro, há heterotopias malucas, quando o distanciamento da realidade é levado a sério, o sujeito é um escolhido pelos deuses, é uma reencarnação de Napoleão, de Jesus Cristo (é curioso, mas os napoleões de hospício saíram de moda... será falta de cultura?) etc.

Já a utopia é uma heterotopia do tipo faca de dois gumes. O primeiro gume corta o tempo-espaço como um farol-guia, dando princípios éticos que sabemos inatingíveis, mas que valem pela simples tentativa.

O segundo gume corta pescoços, ceifa vidas em seu nome. A primeira vez que entrei em contato com uma delas foi pelo livro *A chave do tamanho*, de Monteiro Lobato (Globo livros, 2008). Como tantos comunistas, ele tinha a utopia da sociedade perfeita, pacífica e semelhante a uma colmeia de abelhas instalada por golpe extremo (a "revolução"). No caso, Emília, incomodada com a Segunda Guerra, encontrou a "casa das chaves" reguladoras de tudo na vida humana e mexeu na chave do tamanho, reduzindo o dos humanos a poucos milímetros.

Claro, a guerra cessa de imediato, e os minúsculos sobreviventes nus (bilhões morrem sufocados por suas roupas, congelados, devorados por gatos, cães, pássaros e outras mortes, mas, você sabe, para se realizar a utopia sempre há um "insignificante custo colateral")* se organizam na "cidade do balde" (*Pail* city, Califórnia, EUA, uma comunidade hippie antes de existir o próprio termo), todos iguais, bondosos, pacíficos e cooperativos, uma espécie de falanstério de Fourier, um francês do século XVIII, precursor do socialismo.

Pela utopia, homens se explodem, já morando no paraíso com suas virgens (e as mulheres-bomba, o que as motiva?)

* Ver Stalin e a fome que se seguiu à expropriação dos produtores rurais; Católicos com a inquisição; Hitler e o nazismo; China, com o investimento em máquinas pesadas e com a "Revolução Cultural"; Pol Pott e o Khmer Vermelho no Camboja; Fidel e o *paredón.*

CURA GAY

Um taxonomista é sempre um obsessivo. Sua profissão consiste em classificar por grupos (geralmente seres vivos), separando-os por minúsculos detalhes. Alfred Kinsey era um taxonomista que classificava vespas na Universidade de Indiana, Estados Unidos.

Aplicou mais tarde sua perícia e meticulosidade na pesquisa e no estudo da sexualidade humana, tornando-se o criador da sexologia. Seu primeiro livro, fruto de uma quantidade inacreditável de entrevistas, foi sobre a sexualidade masculina, de 1948, onde está a "Escala Kinsey" de orientações sexuais masculinas, com sete tipos assim definidos:

0. heterossexual exclusivo;
1. hétero ocasionalmente homossexual;
2. hétero mais do que ocasionalmente homo;
3. igualmente hétero e homo ("bissexual");
4. homo mais que ocasionalmente hétero;
5. homo ocasionalmente hétero;
6. exclusivamente homossexual.

Ele ainda incluiu um grupo de homens sexualmente indiferentes, mas nunca conheci um nesses 43 anos de clínica. Também não conheci um bissexual perfeito, que a preferência erótica masculina se pesquisa através da direção dos olhos, do tesão visual: o gênero que mais atrair o olhar de um homem determinará sua orientação sexual. Nunca vi um que tivesse seus olhos e emoções puxados igualmente para outros homens e mulheres. Os homens têm seu tesão despertado pelos olhos, eis por que eles são os compradores de pornografia. Só 10% das mulheres têm tesão visual. Os 90% acham um homem visualmente "interessante". Se ele a olhar com tesão, o desejo da mulher então se desperta.

Esses esclarecimentos servem para pensarmos o título "Cura gay". Cura? Começa que o verbo *curar* se aplica a doenças, o que não é o caso. Nascer com algo de gay (dos tipos de 1 a 6), e tudo indica que venha de berço, hereditário ou da gestação, ainda não ficou claro, apesar de a hipótese genética ser a mais cotada entre os cientistas, definitivamente não é nascer com alguma doença.

Por outro lado, assisti a um programa de TV supostamente sobre sexualidade, com uma seção sobre gays. A apresentadora, eufórica, abria o tema em tom publicitário: "A diferença é linda, é saúde, é amor, é ótima ("agora em sabor limão?")".

Ora, tenha a santa paciência, se há uma boa razão para a homossexualidade não ser uma escolha, uma opção, e sim um destino, é o fato de que a presença de atração gay na mente é perturbadora para a maioria dos homens. Pode ser muito sofrida e, mesmo não sendo doença em si, pode ser causadora de doença psíquica, desde a neurose obsessiva até a depressão e a paranoia. Como o foi, outrora, o fato de se nascer canhoto (não faz muito tempo, eles tinham a mão esquerda amarrada para "se curarem").

Ninguém, em sã consciência, entraria no supermercado de orientações sexuais e, animadíssimo, poria em seu carrinho de compras o destino de ser gay, com a gôndola de ser hétero ao lado. É muito mais fácil ser hétero.

A escala Kinsey possibilita algumas afirmações ESTATÍSTICAS, e vai assim em caixa alta porque tem sempre alguém para dizer, "ah, mas eu conheço um que...":

a) Nenhum tipo zero será perseguidor de gay, pois para esses, a homossexualidade nem é um assunto. Os homofóbicos estão trazendo para fora uma luta de dentro de suas cabeças, um conflito com algo que perceberam em si e que agora os faz se esforçar para dizer: "Gays são os outros."

b) Apenas os tipos 6 saem do armário sem maiores problemas, pois não concebem outro tipo de vida. Os que nascem com cabeça de mulher e brincam de boneca desde a primeira infância, bem, já nasceram fora do armário.

Os outros sofrem mais na medida em que percebem que a vida de hétero lhes seria uma possibilidade.

c) Os americanos são extremados, sua militância não reconhece meio-termo, um rapaz de tipo 1 a 3 pode ser pressionado a "viver sua verdade", a se rotular gay, como se as mulheres lhe fossem indiferentes e ele não pudesse ser feliz casando com uma e tendo filhos.

"Cura gay" seria uma tentativa de erradicar o desejo homo em quem não é tipo zero nem 6. Completa ilusão, pior, erro grave. Eles até se casam com mulher, gostando, mas, na melhor das hipóteses, o desejo homo estará engatilhado numa prateleira, como algo causador de potenciais problemas. Parecido com o tesão na cunhada. Na hipótese pior, será reprimido, causando doença psíquica.

E não pense que só religiosos namoram a ideia da cura gay. Até os anos 1990, muitos psicanalistas e psicoterapeutas em geral eram convencidos de que o desejo homo era uma derivação do narcisismo, uma "incapacidade de aceitar a diferença", um terror de enfrentar a "angústia de castração produzida por um ser sem um pênis", idiotices como essas, desvios da normalidade a serem curados. Ou seja, eles simplesmente não aceitavam que a coisa pudesse ser da natureza da pessoa, sem nada a fazer. Todos os casos de "cura" psicanalítica do desejo gay que conheci, e não foram poucos, "recaíram" tempos depois.

E as mulheres? Afora os tipos zero e 6, nem Kinsey conseguiu classificá-las. Começa que elas são muito mais patrulhadas por parecerem putas que por lésbicas. Entre elas, o trânsito de um tipo para o outro é muito grande, às vezes por modismo, como nos dias de hoje em que as meninas "ficam" com outras para experimentar, às vezes por estarem cansadas dos homens por um tempo. Enfim, o miolo passeia...

OBSESSÃO

Você sabe abrir uma lata de massa de tomate em meio minuto, e ela fica com as bordas certinhas. Por isso, quando alguém ao seu lado tenta abrir uma com faca de cozinha e socador de carne, entra em agonia e tem que se segurar para não dizer "Me dá essa lata aqui!" e abri-la pelo outro.

Provavelmente você tem caráter obsessivo. Não é nenhuma doença, pelo contrário, pode ser uma vantagem na vida. Os obsessivos são pontuais, fazem as coisas direito, são honestos, limpos, meticulosos, precisos, rigorosos, arrumados, perfeccionistas, carregadores de piano, essas coisas. Claro, tem suas desvantagens, ficar acertando quadros tortos na parede da casa dos outros é falta de educação, e fazer sozinho o trabalho de grupo "porque senão vai sair ruim" pode ser cansativo. E os franceses dizem que "a pontualidade é a virtude sem testemunhas" (pois ninguém estará lá para ver que você chegou na hora certa).

Os obsessivos também são inclinados ao pensamento binário, "ou isto ou aquilo" de Cecília Meireles é uma homenagem involuntária ao pensamento do obsessivo, pouco chegado a outras cores além do preto e do branco, que dirá a cinquenta tons de cinza.

Outra característica dos obsessivos é a capacidade de reflexão. Considerando que 97% da humanidade é de reativos, pessoas imediatistas que não consideram consequências e só pulam se cutucadas (cujo santo padroeiro é Homer Simpson), ser reflexivo, calcular antes de agir, mesmo que seja para imaginar a maneira ótima de se chegar a um destino, que dirá preparar uma viagem para entender o que vai ser visto, enfim, ser reflexivo como um obsessivo tem suas vantagens, de fato.

Mas, quando o paliteiro ganha um rótulo ("Palitos"), quando os rejuntes de azulejos são limpos com cotonete, as roupas arrumadas em dégradé, e você tem que checar várias vezes se desligou o gás, trancou as portas e apagou as luzes antes de dormir, aí é capaz de as coisas estarem descambando para a doença obsessiva (que os psiquiatras chamam de transtorno obsessivo-compulsivo, o famoso TOC).

A neurose obsessiva não implica só rituais estranhos e manias esquisitas. Isso diagnostica o TOC. A neurose obsessiva contemplada pela psicanálise compreende, além de rituais e manias, pensamentos invasivos incômodos (um religioso se torturava, pois obscenidades medonhas se infiltravam no meio de suas orações), dúvidas intermináveis, como se a pessoa tivesse na cabeça uma balança de dois pratos, e, para cada grão posto num deles, "por outro lado" um grão é posto no outro, e a balança não se decide nunca, erros que trariam desgraça (pisar nas pedras pretas da calçada teria o poder de matar os pais em acidente), atrasos compulsivos (mesmo sabendo a hora certa de sair, parece imperativo fazer uma última coisa), desarrumações obsessivas que podem derivar no vício acumulador (nada pode ser jogado fora, "pois pode ter uma utilidade no futuro").

Aqui se faz necessário definir o que é sintoma de doença psíquica, para não se ficar paranoico com o que pode ser um hábito inofensivo. É sintoma o acontecimento mental esquisito; compulsivo (que pode ou não gerar um ato, mas que é mais forte que a gente); repetitivo; alugador importante da atividade mental (parece ocupar milhões de terabites neuronais); fixado num mesmo assunto ou objeto; e, finalmente, causador de satisfação desprazerosa (Lady Macbeth só ficava satisfeita se atendesse sua compulsão de lavar as mãos, mesmo que fosse um ato doloroso, pois elas já estavam em carne viva de tão lavadas). Satisfazer significa preencher, não "ter prazer". Você pode satisfazer sua fome com jiló, mas são poucos os que terão prazer nisto.

Enfim, se você gosta de colecionar selos mas isto não é fonte de ruína e tormento em sua vida, faça-o em paz, ninguém tem nada a ver com isso.

A origem da obsessão mora no conceito de pureza, que em certas pessoas impera sobre tudo, sendo o impuro o demônio a combater. Um segundo atrasado? Impuro. Torto? Impuro. Não chorou quando a mãe do Bambi morreu? Impuro (um dos sintomas obsessivos mais incômodos é o "mau pensamento", o pensamento invasivo, o pensamento constrangedor, o pensamento obsceno). Achou outro homem atraente? Impuro (o pensamento obsessivo sintomático mais comum entre os homens é "será que, no fundo, eu sou gay?").

Freud considerava a obsessão como fruto da cultura: a criança se tornando proprietária da educação rígida que lhe impuseram e se tornando mais rigorosa com ela mesma que seus pais, mais realista que o rei, "não são eles que mandam em mim, sou Eu que mando em mim".

Então por que filhos de hippies saem obsessivos, e filhos de caretas saem hippies? Pelo mesmo motivo, reatividade. Uma pessoa pode ter sua vida dominada pelos outros por ordem direta, como a criança rigorosa acima, ou pelo avesso, por rebeldia absoluta (se ele faz o contrário do que lhe mandam, ele é totalmente controlável).

Crer no controle é pura obsessão. O obsessivo quer tudo "sob controle", apesar de na vida só haver maiores ou menores chances de se chegar ao outro lado da rua inteiro. Controle absoluto? Ilusão.

Mas quando vejo crianças pequenas caprichosas, arrumadinhas, enchendo seus desenhos com o lápis de cera com o cuidado para não vazar, penso que o caráter obsessivo não vem apenas da cultura, que é também, como dizem os lusos, "da p'soa".

O MAL

"As crianças nascem más, elas melhoram crescendo, pois a cultura pode civilizá-las." Ao ler essa frase, apareceu-me a velha questão da "verdadeira essência" da nossa espécie.

Rousseau (filósofo suíço, século XVIII) achava que nossa natureza era originalmente boa e que a cultura a corromperia (ele acreditava no "bom selvagem", o ser puro, não civilizado, dando expressão apenas de sua bondade natural, como se os nascidos na selva não tivessem uma cultura própria).

Hobbes (filósofo inglês, século XVI) acreditava na infinita capacidade de violência do ser humano, obrigado a contê-la para viver na civilização (na cidade, encontrando desconhecidos sem poder matá-los, como seria seu impulso de origem).

A frase citada no início deste texto não segue Hobbes, portanto. Ela seria mais o inverso perfeito da crença de Rousseau. Nós teríamos uma essência má, que a bondade da cultura amorteceria... um pouco.

Que maldade é essa? O que é o mal? O tema é vasto. Vamos pensar apenas na maldade humana. Ela teria a ver com infligir dano e sofrimento de maneira intencional e injusta (se você mata em legítima defesa, não praticou o mal). No entanto, encontrar justificativa para a prática do mal é a coisa mais comum, não à toa Hanna Arendt escreveu sobre a banalidade do mal ao perceber que o nazista Adolf

Eichmann acreditava que seu trabalho de extermínio de judeus era completamente justificado como o correto exercício do dever e que não conflitava com o bom chefe de família que ele era.

A ética contempla os costumes. Depois do julgamento de Nuremberg, não mais se justificam atos danosos pelo "cumprimento de ordens", assim como, na época em que foi composta, "Nega do cabelo duro" não ofendia ninguém.

Lembrei-me dos pecados capitais: soberba, avareza, luxúria, ira, gula, inveja e preguiça. O curioso é que eles não são pecados em si, mas *capitis* (cabeça) de pecados, daí "capitais". Todos temos, como Hobbes observou, capacidade para eles, mas só quando a partir deles causamos dano/sofrimento intencional, cometemos pecado (ou crime), fazemos o mal com eles. Mas, fazer o mal com a preguiça? Sim, pela omissão, pelo dane-se. A ganância está contida na avareza; a humilhação dos outros, na soberba; os vícios, na gula; a maledicência, na inveja; o estupro, na luxúria, e assim por diante.

E a maldade das crianças, onde reside? Numa tira de quadrinhos (C. Schultz), o pequeno Linus, no recreio, fica fascinado com uma coleguinha linda, vai se aproximando dela devagar e finalmente, quando está junto a ela, não se contém e... dá-lhe um soco no nariz! Maldade? Não. Falta de instrumentos adequados para expressar a intensidade dos sentimentos que lhe assoberbavam. Como um bebê que chora por não saber falar.

Sou fascinado pela afirmação de Sócrates de que "Ninguém faz o mal voluntariamente, mas por ignorância, pois a sabedoria e a virtude são inseparáveis". Ela sugere que poderíamos prevenir o mal através do cultivo de instrumentos de expressão mais eficientes de nossos desejos e insatisfações. Do maior conhecimento de si mesmo e do outro. De maior sabedoria, que leva à consideração e à compaixão.

Sem excluir as leis e a cadeia, claro.

AS DEZOITO FACES

Sabe essas chaves de quatro faces, com quatro perfis diferentes, que precisam de uma fechadura que combine com as quatro para rodar e abrir a porta? Imagine agora uma de dezoito faces, dezoito perfis, e que, para piorar, vão mudando ao longo do tempo. Deduza então o quanto é raro encontrar uma fechadura que combine com ela.

Assim é o nosso desejo. Essa é a dificuldade que ele tem para descobrir seu objeto de encaixe.

Quando falo "desejo" não estou me referindo a esse ataque de grávida querendo comer pitanga com jaca no meio da madrugada, nem vontade, porque esta é apenas uma das manifestações do desejo.

Aqui cabe um esclarecimento sobre o termo "desejo", quando usado em psicanálise. Freud considerou que os instintos partilhados por humanos e outros animais deveriam ter um nome próprio e os chamou de "impulsos" (em alemão, *triebe*; em inglês, *drive*). Isso porque nossa capacidade de absorção de informações a partir do nascimento é gigantesca, e essas experiências de vida, registradas na memória, iriam tornar os instintos primitivos mais e mais complexos, mais e mais pessoais e únicos, transformando-os numa força motivadora extremamente complexa, capaz de se manifestar em nossas escolhas, nossos sonhos, nossas doenças psíquicas e, mais comumente, nas nossas vontades.

Minha vontade de picolé Chicabon (ainda existe?) partirá de um desejo completamente diferente do seu. Ele contém elementos básicos em comum, por certo: o universal gosto pela combinação de gordura com doce é um deles.

Mas o seu desejo contém memórias da carrocinha amarela com "sorvex Kibon" escrito em azul de ambos os lados, protegida por um guarda-sol nas mesmas cores, na frente da estação do trenzinho do Corcovado? Ele evoca a lembrança do ambulante da praia e de meu pai, que só comprava um picolé para cada filho (éramos sete)? Traz, por acaso, a embalagem e o nome diferente (Kichute) quando era vendido no estádio do Maracanã? E que, às vezes, estava tão gelado que colava na língua? Tinha fumaça de gelo seco saindo do cooler em pleno sol do Arpoador? Competia com o dos irmãos para ver quem fazia o seu durar mais? Caía na areia da praia, um acidente cheio de som e fúria, tendo que ser lavado nas águas (então cristalinas) do mar para ser aproveitado, agora com uma pitada de sal?

As evocações que meu desejo abrange a partir de uma simples vontade de picolé dão um sentido mais claro a sua chave de dezoito faces, tão diferente de qualquer fechadura, tão raro de encontrá-la.

Por que você acha que não há ninguém na face da Terra que te "complete"? É simples: porque não há fechaduras com dezoito faces capazes de se encaixar bem em todas as da sua chave do desejo.

Por isso a gente anda por aí girando mal e mal com três faces encaixadas, quando encontra quatro é uma festa. A paixão é o momento de delírio em que se pensa ter encontrado as dezoito perfeitas, e é por isso que ela passa tão rapidamente. Não demora para que alguma emperre.

Por isso é gostoso ter amigos tão diferentes, cada um atendendo um pedaço de face. Se você gosta de música clássica, não a partilhará com quase ninguém. Mesmo que o outro também goste (tive um paciente que era crítico de música: odiava meu querido Ravel e adorava Couperin, de quem só gosto da tumba).

Por isso é difícil ficar casado muito tempo, a menos que vocês tenham projetos em comum, como criar filhos, porque morar junto produz atrito das faces discrepantes com facilidade.

Havia uma juíza de paz que fazia sempre o mesmo discurso em qualquer casamento: "Vejo as duas alianças caídas, uma ao lado da outra, e acidentalmente elas formam o símbolo do infinito, pressagiando o amor de vocês." Eu olhava e as via, um pouco uma sobre a outra, dois círculos independentes com uma pequena área de interseção, e pensava que aquela era a melhor das hipóteses: duas vidas independentes que se alegram por ter algo a partilhar.

Essa é a gigantesca complexidade de que este livro trata.

SOBRE PSICANÁLISE

Seguem-se artigos a respeito dessa modalidade de conhecimento sobre a mente humana que me é tão prezada. É uma abordagem feita por Freud quarenta anos depois da publicação da primeira obra de Darwin, o principal inspirador da psicologia evolucionista, que é a pauta principal deste livro.

O primeiro foi escrito a pedido do jornal *Folha de São Paulo*, num caderno sobre psicanálise que eles publicaram. O segundo foi quando o livro *Subliminar* (Zahar, 2013), de Leonard Mlodinow, tornou-se um best-seller, e a *Folha* quis um comentário sobre o inconsciente na teoria de Freud. O terceiro foi para o último (e quero dizer último mesmo, e não "o mais recente") congresso de psicanálise de que participei, uma vez que nunca mais pretendo frequentar outro.

Infelizmente, a psicanálise instituída virou uma espécie de dança contemporânea: uma forma de arte para iniciados, incompreensível para todos os demais, que "se acha" superior a todos os outros conhecimentos, com eles não se mistura, e só é admirada por seus praticantes e seus parentes e a meia dúzia de pessoas que a seguem com espírito religioso, numa prática de aparência incestuosa. Um tanto como a filosofia contemporânea dos franceses, da qual, não por acaso, Lacan faz parte (faria exceção a Foucault e a Roland Barthes).

A psicanálise teria tudo para se tornar uma filosofia ao estilo grego, daquelas que olhavam para dentro do ser humano, um instrumento de pensar bem sobre nós. Mas para isso ela precisa aprender com a filosofia, a sociologia, a antropologia, a história e com as ciências diversas que tratam do mesmo assunto, como a psicologia cognitiva, a evolucionista e a neurociência.

Os pouquíssimos psicanalistas interessantes que conheci fazem isso e se libertam (tal qual Freud fez) dos grilhões acadêmico-religiosos de suas instituições formadoras. Vamos lá, então.

COMO ESCOLHER UM PSICANALISTA

(EM DEFESA DO CONSUMIDOR)

Antes de começar, penso que há uma pergunta a ser respondida, porque eu a ouço muito: psiquiatras, psicólogos, psicanalistas, terapeutas, qual a diferença entre eles?

Psiquiatras: médicos que estudam a melhor maneira de ajudar quem está mentalmente perturbado através de remédios. Isso é um espetáculo. A psicofarmacologia avançou muitíssimo nas últimas décadas, e os remédios que temos hoje são tão bons que eu diria: não há melhor momento na história da humanidade do que hoje para ser deprimido, neurótico, ansioso, maníaco, psicótico ou ter qualquer outro distúrbio que, antigamente, levaria você a um hospício.

Psicólogos: estudiosos da "alma", ou, em termos atuais, do *software* que roda no cérebro e que aparece como comportamentos, pensamentos e outras perturbações (porque eles estudam como o nosso cérebro funciona e como ele nos perturba). Existem muitas maneiras de estudar isso, e muitos mestres olharam este funcionamento por muitos ângulos.

Psicanalistas: estes psicólogos derivam da maneira de estudar o *software* cerebral que Freud inaugurou no século XIX. É claro que eu, como psicanalista que sou, vou me deter mais nesse jeito de entender o funcionamento da nossa mente. Freud descobriu que nós éramos tão marcados pela nossa educação e pelas pessoas que nos criaram que acabávamos por carregar esse jeito de viver pelo resto de nossas vidas: se ele era favorável e lógico, ótimo, viveríamos bem; se ele era estranho e cruel, acreditaríamos nele e viveríamos mal (ele não falou quase nada da genética, que constitui 50% do que somos).

Terapeutas: são pessoas que cuidam (terapia é cuidar, é tratamento) de outras. Por isso você tem fisioterapia, logoterapia, quimioterapia e assim por diante, até ter psicoterapias, feitas por psicoterapeutas, que são pessoas que cuidam de você e de sua maneira mental de funcionar. Os psicanalistas podem ser estudiosos apenas (teóricos) ou psicoterapeutas, aqueles que cuidam de pessoas usando a psicanálise como instrumento. É uma das inúmeras maneiras de psicoterapia.

Mas acho que basta. Meu assunto é como escolher um psicanalista terapeuta, alguém que vai cuidar de você com o instrumental que Freud inventou, alguém que vai te prestar um serviço de saúde. Você o contrata e consome o serviço dele.

"Ai, que barbaridade, pensar o cliente como consumidor!"

Sinto muito se feri suscetibilidades, mas imagino que, se você for ler um caderno de jornal que fala sobre psicanálise (como os cadernos literários, por exemplo), supõe-se que estará preparado para ler textos eruditos de que você não vai entender 10%. É uma das coisas que me horrorizam em psicanálise e que sempre me pareceram uma contradição em termos. Afinal, a psicanálise veio para explicar ou para confundir?

Clínica: do latim, quer dizer "inclinar-se", para observar e entender.

Pratico a clínica psicanalítica há 35 anos e fui consumidor desta **prestação de serviço** durante oito, com dois psicanalistas diferentes. É. Prestação de serviço mesmo, eu pagava (caro) e recebia 50 minutos de suposta atenção.

Assim como, quando fui pai, tentei me lembrar de quando era criança e o que funcionava e me irritava no jeito de meus pais, quando fui ser psicanalista, prestei bem atenção no que me fez bem e no que me fez mal quando fui cliente. Para aprender com os erros (evitando-os) e com os acertos de meus psicanalistas (tomando-os como modelo).

Você já viu que vai entender tudo o que eu escrever aqui. Gosto de clareza, de transparência, do que é lógico e razoável. Se você gosta de obscuridades, perplexidades e esoterismos, pode pular este artigo. Não é tua praia.

A coisa é simples assim: quantos psicanalistas são necessários para trocar uma lâmpada? Um só, mas é preciso que a lâmpada queira **muito** ser trocada. Procurei a psicanálise porque me sentia mal comigo mesmo e queria **muito** me sentir bem. A pergunta seguinte era: o profissional teria o mesmo objetivo? Ele quereria me fazer sentir melhor com o instrumento terapêutico que usava?

Parece uma pergunta besta, não? Mas não é! Há vários psicanalistas que não se sentem comprometidos com a melhora e o bem-estar de seus pacientes (que dirá com a cura de seus sintomas). Eles têm como meta "a reflexão sobre os enigmas do seu funcionamento psíquico" ou, pior, "com a sua aceitação da castração" (calma, que eu explico, é algo assim: "o mundo é duro mesmo, e você deve se dobrar e aceitá-lo como é, sem esperar colinho de mãe, que é o mesmo que querer roubá-la de seu pai, representante do mundo cruel. Tenha horror do incesto, o complexo de Édipo").

De tal maneira que escolher um psicanalista não é tarefa fácil. Aqui vão algumas sugestões que podem te ajudar, se você ainda não largou a leitura deste blasfemo insolente, ou mesmo desta pessoa desprezível pela sua linguagem chã que qualquer um pode compreender.

1. A indicação. Ela pode vir de um amigo querido, que tem se sentido cada vez melhor com seu tratamento, e que te diz que nunca saiu de uma sessão pior do que entrou, e que não acredita que "hoje a sessão foi ótima, eu saí rastejando, aos prantos, me sentindo a última das criaturas, porque nós fomos fundo nos meus horrores". Ela pode vir de artigos que você leu e te deram alívio e compreensão, assinados pelo cara. Ou o mesmo sentimento a partir de livros que ele escreveu, entrevistas que ele deu etc.
2. O primeiro contato. Geralmente pelo telefone. É impressionante o que se pode aprender sobre o outro num telefonema: se ele é acolhedor; se é hostil; se é simpático ou não; se é pomposo ou simples; se você se sente confortável na conversa ou constrangido; se vai te atender logo ou "talvez, se abrir uma vaga, nos próximos meses". Enfim, minha sugestão é: só vá à entrevista se você se sentir bem com ele ao telefone. De desconforto, já basta a tua vida, você não precisa pagar (caro) por ele!

3. Perplexidade. Se o Dr. Fulano te disser alguma coisa que você não entenda, se falar de tal maneira complicada que você chegue a achar que é burro, pode desistir: ele não serve para você.
4. Mudez. Se o Dr. Fulano ficar olhando mudo para você quando você quiser saber algo na entrevista, as chances são de que ele ficará mudo durante a terapia. Por que você há de pagar (caro) para alguém que não diz nada? É **teu** trabalho se entender? Pois então fale para o espelho. É muito mais barato.
5. Contrato. Sinta-se confortável com um contrato claro de tempos de sessão e de custos. Pergunte sobre férias suas e do terapeuta, quem paga o quê. Pergunte sobre pontualidades (há poucas coisas mais constrangedoras do que encarar colegas numa sala de espera), porque você tem mais o que fazer na vida, e continua sendo uma falta de respeito – em qualquer especialidade médica – te fazer esperar tendo hora marcada. Woody Allen diz em um filme que não podia se suicidar porque seu analista cobraria as sessões a que ele faltasse. Contratos precisam ser claros!
6. Como eu saio da sessão? Não deixe ninguém te convencer que sair de rastos, aos prantos e arrasado de uma sessão significa que ela foi "funda e produtiva". Só significa que o terapeuta pôs mais dor naquilo de que você já se acusava. Ele quer que você se arrependa. É mais barato procurar a Igreja Católica (nos confessionários).
7. Senso de humor. Se você sentir falta dele no seu terapeuta, significa que ele gosta de drama, e o drama é parte integrante, agravante e fundamental dos seus sintomas. Vá embora! Parte da cura é não se levar tão a sério, não se achar (e a ninguém) tão importante.

Dentro de cem anos, lembre-se, estaremos todos mortos (e provavelmente, esquecidos). Faz parte do meu imaginário aparelho humildificador saber que amanhã este artigo será papel de embrulhar peixe...

ESCREVEU, NÃO LEU...

Todas as grandes figuras do pensamento, como Einstein, Shakespeare, Darwin, Platão, filósofos em geral e outros, geram uma mitologia em torno do que escreveram e são citados frequentemente de maneira "impressionista" por aqueles que não os leram (as pessoas dizem "fulano é isso e aquilo", mas deveriam dizer "pelo pouco que sei, tenho a *impressão* de que fulano é isso ou aquilo").

Freud parece ter um lugar de destaque nessa galeria. Desperta ódio entre feministas e preconceitos variados desde o primeiro momento em que ousou dizer que as crianças, esses seres angelicais, tinham uma vigorosa sexualidade.

Mas há conceitos seus que são alvos especiais do "achismo" baseado no ouvir falar, entre eles: o inconsciente e o impulso de morte. Enquanto a coisa se dá como palpite de botequim, a liberdade de expressão a protege. Mas quando a distorção sai escrita por "sábios", aí é preciso dizer umas coisas em nome do velho professor.

Eu sei como costuma terminar a frase do título, mas ouvi há tempos um final mais engraçado para ela: "Escreveu, não leu... é analfabeto funcional." Tal condição poderia se aplicar a quem escreve que o inconsciente descrito por Freud é lúgubre e doentio. Ou quem escreve, como se fosse uma grande novidade, que 90% do que fazemos não se origina na consciência.

Ora, Freud nos descreveu como alguém montado a cavalo (o cavalo seria o inconsciente). O cavaleiro pode ter a impressão de que está no comando, mas é frequente que o cavalo tenha ideias próprias e a direção pretendida mude.

Ele descreveu três instâncias para além do que percebemos de forma consciente:

1. O grande oceano inconsciente do id (a boa tradução do alemão *das es* seria "algo em nós", como na frase "algo em mim me diz que..."), onde mora o motor de nossos atos, chamado "desejo", um gigantesco emaranhado de memórias com instintos animais primitivos cuja maior ordem genética é procriar (daí dizerem que Freud só pensava "naquilo").
2. O inconsciente reprimido pelo superego (o superego, em alemão, *über ich*, literalmente deveria ser traduzido como "o que está acima de mim", é um programa mental que nos critica e censura, além de estabelecer ideais inalcançáveis, se alimentado por nossa criação neste sentido). No inconsciente reprimido moram nossos impulsos considerados proibidos. Exemplo: o desejo exibicionista, que faz parte do nosso desejo sexual, pode ser visto como errado e, atacado pelo superego, acaba achando uma saída através do seu contrário: a timidez. Esse inconsciente, sim, é causador de doenças psíquicas, pois a mesma timidez pode se tornar uma fobia social, incapacidade de falar em público, de assinar papéis, de pedir uma pizza pelo telefone (as neuroses não são maluquices, são exageros).
3. O pré-consciente. Este guarda memórias e percepções que não estão na tela consciente no momento, mas que podem entrar nela. Exemplo: o que você comeu no jantar? Agora que eu perguntei, a memória saiu do pré-consciente e se tornou consciente. As mulheres costumam levá-lo a sério, por isso são capazes de dizer "ele está me traindo" porque perceberam marginalmente que o marido saiu de casa com um nó duplo na gravata e voltou com um nó simples ("em algum momento ele tirou a roupa"). É o mesmo que nos diz para não comprar carro usado de certos ministros de minas e energia, só de olhar para a cara deles. Portanto, se vai publicar algo sério sobre alguém, é melhor ler antes.

O CONFEITO E O BOLO

Este é o artigo escrito para apresentação em mesa redonda da V Jornada Cena de Psicanálise da CENA, psicanálise e cultura RJ, portanto é um bocado mais denso em informações, mas duvido que não seja claro.

A psicanálise clínica sofre de uma doença perversa de domínio-submissão que tem sido nefasta para sua eficácia terapêutica, seu desenvolvimento teórico e seu instrumental epistemológico. O psicanalista se coloca numa posição superior ao cliente, que, reverente ao senso comum da respeitabilidade da psicanálise, a ele se submete, à sua linguagem estranha se adapta, atropela seu próprio universo cultural para atender ao do psicanalista, formando com ele uma cumplicidade não deliberada por nenhum dos dois que continua a doença perversa de domínio-submissão que já traziam da cultura. Ao se reencenar na psicanálise a doença perversa com a parceria do psicanalista, perde-se o principal fator diagnóstico-terapêutico da perversão: o estranhamento do sintoma. Ao se perder o estranhamento do sintoma, outro critério para a caracterização de um fato psíquico como doença fica igualmente prejudicado: a compulsão deixa de ser desprazerosa, o cliente já não fica mais incomodado com a submissão. E por que ficaria, se o psicanalista também não se incomoda com o domínio?

Aludi a critérios para chamar um fato psíquico de doença porque julgo que essa denominação é ideológica. Dizer que algo é doença psíquica não é nada autodemonstrativo. Ou pelo menos não é tão autodemonstrativo quanto dizer que algo é doença física. O critério de doença psíquica varia com a cultura e com a ideologia. Há culturas em que o que chamamos de psicose é chamado de iluminação, o que chamaríamos de perversão, como o canibalismo, por exemplo, é visto como ritual sagrado. Os seis critérios que proponho para caracterizar um fato psíquico como doença são: estranheza; compulsão; repetição; grande consumo de libido; fixação objetal; satisfação desprazerosa. Isso pode ser bem nítido num ritual da neurose obsessiva, como o lavar as mãos de Lady Macbeth. Ela estranharia sua obsessão, seria mais forte do que ela, teria que lavar-se repetidamente, a impureza de suas mãos ocupava-lhe quase todo o tempo, era sempre o mesmo problema e, ao satisfazer sua compulsão, poderia ter até dor, já que as mãos acabam em carne viva. Ora, no caso da relação de domínio-submissão que acontece na psicanálise clínica, a estranheza e o desconforto que um paciente sente com o domínio do psicanalista vão desaparecendo na medida em que o psicanalista se apresenta como um valor cultural maior do que aqueles da cultura do paciente, diante do qual o paciente deve se curvar. E ele se curva. É preciso lembrar aqui que o psicanalista já foi paciente um dia e passou pela mesma diluição de seu desconforto e de sua estranheza frente ao domínio-submissão, mais diluídos ainda se o psicanalista concebeu essa submissão como preço a pagar para ser aceito na profissão. Ele se curvou, perdeu o estranhamento de sua submissão e, agora, infelizmente a está passando adiante, prazerosamente assumindo o papel de dominador. É desta forma que o vassalo, por aspirar a ser tirano, deixa de questionar a tirania.

Estou me dirigindo a psicanalistas em formação, em processo de psicanálise pessoal que alguns chamam de "didática". Mas esse adjetivo costuma servir como mais um instrumento de domínio: "Meu analista é tão importante que é um didata. Quem sou eu para questioná-lo? Ainda mais que, se ele se irritar comigo, pode barrar minha carreira profissional." Quando uma situação dessas acontece, eu diria que a tal psicanálise é mesmo didática. Explica didaticamente a perversão que estou querendo demonstrar.

Aqui me vejo na necessidade de definir perversão. Considero essa necessidade como fruto das restrições de natureza teórica que a psicanálise sofre por causa da própria perversão que a acomete, um dos efeitos que citei no início deste artigo. Se eu estivesse mencionando uma doença da esfera da medicina clínica, poderia supor que o leitor estivesse familiarizado com os tratados de patologia e de fisiopatologia, onde tal doença estaria suficientemente descrita em suas características de etiologia, sinais, sintomas e funcionamento, de tal forma que não me veria obrigado a entrar nesses pormenores. Em psicanálise, tais coisas não podem ser chamadas pormenores. São "pormaiores", dada a nossa deficiência em tratados de psicopatologia psicanalítica, nosso desconhecimento de fisiopatologia das doenças psíquicas. Percebo que a concepção de psicopatologia diverge a tal ponto de psicanalista para psicanalista que me vejo na necessidade de parar a cada citação de doença para explicar o que quero dizer com tal termo.

Proponho uma definição de perversão. Que ela seja entendida como o uso sistemático e compulsivo de uma combinação específica de mecanismos de defesa contra as ameaças do superego: a renegação/cisão do ego (*Verleugnung/Ichspaltung* - ver as definições no *Vocabulário da Psicanálise*, de Laplanche & Pontalis), quando o indivíduo recusa, apesar de conhecê-las, as ameaças que o mundo externo (aqui representado pelo superego) lhe faz face a seu desejo de operar algum impulso parcial, e abre um território em seu ego onde não só as ameaças não funcionem como ele possa satisfazer dois impulsos condenados ao mesmo tempo: aquele que lhe estiver interessando no momento (no caso, o de domínio-submissão), **mais** o de se vingar do domínio que seu próprio superego exerce sobre ele. Proponho ainda que se desatrele, como condição necessária, o conceito de perversão do orgasmo ou de práticas sexuais, caso em que se perderia toda uma gama de sutilezas de representação psíquica que esta definição proposta permite. Com esta definição, quero que a perversão possa ser vista como um desdobramento da relação que o indivíduo tem com seu próprio superego, relação sadomasoquista de domínio e submissão, relação esta que está fadada a se repetir dentro da psicanálise clínica, a se manter da maneira em que ela se encontra hoje.

A doença perversa de domínio-submissão se manifesta na psicanálise principalmente através da postura e do comportamento do psicanalista. Em nome da neutralidade, o psicanalista envia sinais comportamentais que a cultura nos ensinou a vida inteira como sendo típicos de quem se arroga superioridade. Aqui precisamos da ajuda da antropologia para entender os atropelos de significados culturais feitos pelo psicanalista em nome de sua ciência. O silêncio do psicanalista elimina sua mais elementar cordialidade, sua "boa educação". Em nossa cultura, a pessoa que reage às perguntas encarando a outra em silêncio está sendo francamente hostil e arrogando--se uma superioridade, como se dissesse que é importante demais para responder e não deu intimidade à outra para que ela lhe dirigisse a palavra. A imposição do divã é outro desses atropelos. Alguém só aceitará falar pessoalmente de costas para outro em duas situações: porque entende, acata e vê vantagens para si nisso ou por submissão. Como a decisão de usar o divã não é deixada ao cliente e não é precedida de nenhuma explicação, o uso do divã costuma se dar por imposição e costuma ser aceito por submissão. O silêncio continua a atropelar os direitos do cliente quando a ele não é dado nenhum referencial do que consiste a psicanálise, nenhum diagnóstico, nenhum prognóstico, nenhuma explicação de estratégia terapêutica e nenhum direito de estranhar essas ausências, já que a resposta a qualquer queixa que o cliente tenha em relação ao processo será encarada pelo psicanalista como resistência, e as coisas pioram quando o cliente percebe (por dedução) que o psicanalista entende a resistência como insubordinação, má vontade do cliente, que a resistência é algo de que o psicanalista o acusa, algo de que deve se arrepender, se sentir culpado de ter. É um momento em que as interpretações passam a ter força de desqualificações. Se um cliente se queixa de não entender o processo psicanalítico e ouve do psicanalista que isso é uma manifestação de suas dificuldades habituais no trato com figuras de autoridade derivadas de seu pai, a queixa fica automaticamente desqualificada, e mais, a autoridade do psicanalista, tanto quanto a do pai, se torna algo inquestionável, endossada agora pela autoridade do psicanalista. As manifestações do domínio-submissão estão sintetizadas nesses exemplos. Poderíamos pensar em desdobramentos múltiplos na prática clínica, como comunicações do psicanalista que causam perplexidade ao cliente por serem herméticas, ou feitas em jargão, ou em linguagem para iniciados. Por exemplo, alusões ou interpretações referentes às protofantasias, à angústia de castração, à cena primal ou originária, às seduções sofridas pela criança, ao complexo de Édipo, que certos psicanalistas usam como panaceia, como explicativo de tudo, causam em geral grande estranhamento nos clientes. Esse estranhamento não será manifestado se houver submissão, e o psicanalista perderá a oportunidade de perceber quão alheios à vida comum de seus clientes esses conceitos são quando em estado bruto. A propósito, chamar devaneios ou fantasias de "fantasmas" é um bom exemplo da causação de perplexidade. O cliente entende fantasma como sendo alma do outro mundo, mas como não é provável que o psicanalista esteja se referindo a espíritos, simplesmente não entende e se cala, envergonhado da sua ignorância, que, agora, desgraçadamente tomará como sinônimo de inferioridade, exatamente como fez ao longo de toda sua escolaridade. A vergonha da ignorância é um fato gravíssimo para qualquer processo de aprendizado. Representa um dano sério para a psicanálise, para o paciente e para o psicanalista.

Tal perversão causa na psicanálise quatro tipos de dano: sobre a epistemologia da psicanálise; sobre o processo de transferência; sobre a teoria da investigação psicanalítica; sobre sua eficácia terapêutica.

1. O dano epistemológico. A proposta de qualquer psicanalista que deseje a psicanálise como uma modalidade de conhecimento confiável é poder conferir seus achados de investigação e saber se eles se aproximam da verdade ou não. Deixemos de lado, neste momento, a questão filosófica da Verdade e ponhamo-nos de acordo com o fato de que não podemos prescindir de um desejo de Verdade. Proponho que adotemos, provisoriamente, em relação à Verdade a mesma definição lusitana que o Barão de Itararé deu para o açúcar: "O açúcar é uma substância que dá muito mau gosto ao café, *em se não lho botando.*" Ora, a psicanálise tem um sério problema epistemológico. Não podemos repetir seus achados em laboratório, não podemos aplicar testes *double-blind* como se faz para verificar eficácia de remédios (substância x placebo) e, finalmente, não temos como garantir que a resposta que o paciente dá para nossas hipóteses realmente mostra seu erro ou seu acerto. Freud lidou com essa questão epistemológica em dois artigos dramáticos pela sua desconcertante ambivalência: "A Negativa" (1925) e "Construções em Análise" (1937). No primeiro, afirma que a

negativa de um paciente a uma hipótese do psicanalista é uma forma de confirmação de sua hipótese. No segundo, doze anos mais tarde, cai em si e diz que, a se tomar isso como verdade, o psicanalista estaria jogando um jogo em que não poderia perder: par, eu ganho; ímpar, você perde.

O que podemos fazer, então, pela epistemologia psicanalítica? Podemos recorrer a um dos critérios propostos por Karl Popper em sua filosofia da ciência: o critério de refutação. Segundo Popper, uma hipótese estará dentro da área do conhecimento científico se for facilmente refutável, se for simples testá-la em sua validade. Dessa maneira, o cálculo de um eclipse lunar, por exemplo, será facilmente refutado se não acontecer dentro do previsto. O exemplo oposto poderia ser a previsão de pouso de uma nave extraterrestre em Casimiro de Abreu, feita há alguns anos. Chegada a data, não houve sinal da nave. Questionados, os previsores explicaram que a multidão de espectadores havia afugentado os ETs. A previsão era válida? Era errada? Não se pode dizer, porque sua hipótese não era passível de refutação. Não ser passível de refutação não significa, para Popper, ser falso. Significa apenas ser matéria de fé, significa não estar na área do conhecimento científico. Não proponho que o conhecimento científico seja a única forma de conhecimento válida e confiável – e me oponho mesmo a esse endeusamento da ciência que a tem transformado na nova religião dos outrora céticos – mas concordo que sua metodologia pode ser conveniente em nossa busca da Verdade.

Como podemos utilizar o critério de refutação em psicanálise? Tornando a refutação fácil, formulando hipóteses simples, diretas e transparentes, e reconhecendo no paciente o direito permanente de recusá-las. Uma hipótese psicanalítica pode ser aceita ou recusada pelo paciente. Pode ser aceita porque está correta. Mas, se a refutação é difícil, e isso pode se dar porque a hipótese é muito complexa, obscura, não foi bem entendida pelo paciente, ou porque o psicanalista não tolera estar errado, não responde a pedidos de esclarecimento, acredita que a negativa do paciente é, no fundo, uma confirmação, *a hipótese pode ser aceita, mesmo falsa, por submissão* e seus desdobramentos: vergonha de não ter entendido; mudez por perplexidade; ou aquela frase patética (quando o psicanalista a aceita como confirmação): "Só se for muito inconsciente..." Pode ser recusada por estar errada.

Mas, se a questão entre o paciente e o psicanalista é saber quem manda, *a hipótese, mesmo correta, pode ser recusada por tentativa de domínio*, por birra, por vingança, para não dar o braço a torcer. Ou seja: *os principais falseadores da resposta do paciente são a submissão e o domínio!*

Eis aí o dano epistemológico que a perversão de domínio-submissão causa à psicanálise. Se o psicanalista tenta torcer o braço do paciente, se ele se posiciona como superior-dominador, se a psicanálise é uma queda de braço, o paciente pode ou não dar o braço a torcer. Em ambos os casos o dano epistemológico está feito.

2. Dano Transferencial. Tornou-se senso comum a estratégia de fazer com que a investigação psicanalítica se dê dentro da neurose de transferência encenada pelo paciente com seu psicanalista. Ele deveria mesmo induzir gradualmente o paciente a convergir sua neurose para dentro do território da psicanálise, seja através de interpretações autorreferentes (interpretar material de sonhos como dizendo respeito ao psicanalista, por exemplo), seja através de dissimuladas repreensões ao paciente quando sua neurose se encenasse com alguém além do psicanalista. Criou-se até um jargão para esse "pecado" do paciente: atuar fora (uma tradução errada do termo *acting out*, que significa simplesmente *encenar*).

Acho necessário questionar tal estratégia de investigação. O que acontece quando a doença em questão *não* é uma neurose de transferência? A melancolia, a depressão, a hipocondria e as neuroses atuais não se encenam por transferência. Quais serão as consequências de um psicanalista tentar induzir uma neurose de transferência no paciente quando nesses casos? Igualmente precisamos pensar a resistência por transferência, a chamada transferência *negativa*, quando o paciente se cala por um mal-estar surgido nele em relação ao psicanalista. Freud descobriu a riqueza de material inconsciente que essa transferência continha e a colocou *entre as muitas* fontes de investigação (junto com os sonhos, devaneios, lembranças encobridoras, chistes, atos falhos e sintomas) que deveriam ser examinadas. No famoso capítulo VII da *Interpretação dos Sonhos*, Freud nos diz, numa rara e preciosa intervenção epistemológica, que uma hipótese psicanalítica poderia ser considerada correta *se fosse confirmada pela investigação de várias dessas fontes*, ou seja, se se fizesse o mesmo achado a partir da investigação de sonhos, devaneios, lembranças encobridoras etc. Ora, aqui temos problemas. Primeiro, se o psicanalista só busca produzir transferência (ou prioriza a indução de neurose de transferência na investigação de outros materiais), como confirmará seus achados a partir de outras fontes? Depois, a postura impositiva de domínio de um psicanalista e sua desconsideração pelos direitos do paciente serão, necessariamente, fonte permanente de mal-estar para o paciente (pelo menos até ele se submeter totalmente). Deve o psicanalista tomar esse mal-estar que ele mesmo causou como resistência por transferência? Deve pensar que o mal-estar vem da neurose do paciente e que ele, psicanalista, não tem nada a ver com isso? Terá ele o respeito do paciente para investigar de maneira "neutra" um mal-estar que ele mesmo produziu? Não será essa a causa das guerras de silêncio, das sessões mudas em que, mais do que nunca, se evidencia a queda de braço entre psicanalista e paciente para saber quem vai falar primeiro, para saber quem está no domínio da situação?

O que penso se tornar nítido nesses casos é um tipo de patologia psíquica da qual nunca ouvi ninguém falar, mas que poderia ser descrita como perversão de transferência, perfeitamente análoga à neurose de transferência: o encontro do dominador com o submisso, do masoquista com o sádico, do exibicionista com o voyeurista, mesmo sabendo que essas relações são dialéticas (o masoquista explícito sendo um sádico sutil em outras horas e assim por diante). Só que, nas perversões de transferências, o objetivo é operar o impulso parcial, e não refletir sobre ele num processo investigatório. Na perversão, ao contrário da neurose, não há conflito íntimo, porque o superego está sendo renegado. Pode um psicanalista refletir sobre uma perversão da qual ele é cúmplice e indutor? Até poderia, se ele reconhecesse sua parte no processo, mas se ele opera a perversão, o mais provável é que isso seja um ponto cego seu.

O mesmo ocorre no chamado amor de transferência. Deveria ser chamado *paixão* de transferência. O termo latino *passio* só admite uma tradução: sofrimento. Esse sofrimento devoto, no qual uma pessoa elege alguém distante, superior e misterioso como foco de sua idealização para venerar, odiar e/ou desejar, encontra no psicanalista tradicional seu objeto mais bem talhado: uma pessoa investida de autoridade, silenciosa, misteriosa, distante e ao mesmo tempo próxima, que se posiciona como superior, a imagem encarnada do superego. Ao tomar essa postura, será que o psicanalista é neutro? É fácil responder a essa pergunta: tal postura é violentamente sedutora. Faz parte do bê-á-bá elementar da sedução que todos nós aprendemos na escola da vida, e que é a estratégia histérica clássica: parecer difícil e melhor do que se é, distante mas ao mesmo tempo próximo, para despertar a paixão no outro e dizer que o desejo é só dele, que a gente não tem nada a ver com isso. Há psicanalistas que afirmam não existir psicanálise quando não existe a paixão de transferência. Pois podemos fazer aqui a mesma pergunta anterior: pode um psicanalista investigar de maneira "neutra" os conteúdos transferenciais de uma paixão que ele mesmo induziu?

Finalmente quero questionar as chamadas transferências positivas, aquelas que supostamente facilitam o processo de psicanálise e fazem um paciente eleger seu psicanalista. Penso que é função diagnóstica do psicanalista esclarecer os motivos pelos quais o paciente o elegeu. Lembro que elegi meu primeiro psicanalista, já se vão 38 anos, por causa do seu humor sarcástico e irônico. Na época, para mim, isso era sinônimo de inteligência. Hoje, utilizando o que penso sobre psicopatologia, vejo que era sintoma da minha perversão de domínio-submissão encontrando seu parceiro transferencial. Mas não cabia a mim, paciente, entender isso. Cabia ao psicanalista diagnosticar. Não foi diagnosticado nem tratado. Nem poderia: fechou-se um pacto perverso sobre um ponto cego do psicanalista.

3. Dano Teórico. É claro que, se há dano epistemológico, se há dano transferencial, há dano teórico. Mas meu assunto específico é a relação de domínio-submissão e o dano que ela causa na teoria da investigação na psicanálise clínica. Há quinze anos tive uma conversa intrigante com um amigo. "Gostaria de ir a um psicanalista só para ver se ele conseguia me pegar!", disse ele. "Como assim, 'te pegar'?", respondi, surpreso, "quando você vai a um clínico porque está com uma dor, por acaso vai nessa atitude de desafio, ocultando sintomas para ver se ele consegue 'te pegar'?" Ele concordou com o absurdo da situação, mas eu não fiquei satisfeito. Havia realmente na psicanálise essa situação de antagonismo, e o psicanalista de fato parecia alguém à espreita,

vigiando o menor deslize do paciente para então cair sobre ele dizendo "Ha, ha! Te peguei! Está vendo como você tem monstruosidades ocultas?!" O psicanalista e o paciente ficavam entrincheirados em campos opostos, cada um querendo provar ao outro que ele estava errado, e o psicanalista dispondo de um aparato teórico para "desmascarar" o paciente. O *setting* psicanalítico era uma praça de guerra disfarçada, e a guerra só visa uma coisa: o domínio de um e a submissão do outro. À desastrosa vergonha de ser ignorante vinha se somar uma outra ainda mais nefasta: a vergonha de errar, de ser pego em erro. O erro, o tão interessante ato falho descoberto por Freud, cheio de possíveis informações sobre as nossas ambivalências, tinha se tornado uma janela para nossos defeitos ocultos, por onde o psicanalista ia olhar para nos "pegar". Vi gerações de estudantes de psicanálise, psicólogos, analisandos e aculturados atentos para pegar seus colegas em atos falhos que eram imediatamente interpretados, sempre sem material associado e sempre pelo pior prisma. A vergonha do erro é nefasta para a construção de um conhecimento confiável. E o psicanalista que quer "pegar" o paciente passará a ter medo de ser ele mesmo "pego" pelo paciente. Passará a ter vergonha e medo de errar, dará excessiva importância negativa ao erro, encarará o erro como fraqueza, e a fraqueza é fatal num jogo de domínio. Pois digo que essa postura em relação ao erro é fatal para a construção de uma teoria confiável. Ela fica melhor num xamã, num feiticeiro ou num papa "infalível" que num psicanalista preocupado com a epistemologia de seu conhecimento.

Já comentei o dano teórico que resulta de centrar a investigação psicanalítica na transferência e a riqueza de material que se perde ao se subestimar as demais manifestações do inconsciente reprimido. O privilégio da transferência também subestima uma atenção maior que deveria ser dada ao estudo da psicopatologia e da fisiopatologia psíquica. Não vejo uma preocupação maior dos psicanalistas com o diagnóstico nem com estratégias de investigação vinculadas à fisiopatologia da doença diagnosticada. Não entendo por que isso acontece, mas já detectei uma espécie de repugnância classificatória que alguns psicanalistas têm, como se a taxionomia fosse coisa de psiquiatras, e aqueles não quisessem se confundir com estes, pois "a psicanálise estaria muito acima" da psiquiatria. É uma atitude isolacionista danosa para a psicanálise. Os danos teóricos que vêm dessa arrogância de superioridade são imensos. A psicanálise necessita permutar com outras disciplinas (a psiquiatria, a antropologia, a sociologia, a filosofia da ciência, a psicologia evolucionista, a psicologia cognitiva, a epistemologia e a neurofisiologia, principalmente) para se tornar um conhecimento confiável.

4. Dano Terapêutico. O assunto da eficácia terapêutica da psicanálise é extenso e controvertido. Temos recebido críticas, muitas pertinentes, sobre os prazos com que trabalhamos e o pouco efeito de cura que conseguimos. Muitos psicanalistas argumentam em favor de sua falta de compromisso com a eficácia terapêutica, olhando a psicanálise como apenas um instrumento de reflexão sobre a vida dos pacientes. Alguns mesmo advogam seu descompromisso com o alívio do sofrimento dos pacientes, tomando até o critério reverso. Numa expressão típica, um paciente pode afirmar que "hoje a análise foi muito boa: saí rastejando da sessão, aos prantos, arrasado". Como meu assunto se restringe aqui ao dano terapêutico causado pela perversão de domínio-submissão induzida pelo psicanalista na prática clínica, vamos considerar as relações de causa e efeito nessa área. Como se forma uma doença psíquica? Retomemos as séries complementares de Freud: desejo fixado pela repressão primária + trauma atual (o que despertaria o desejo fixado) + conflito entre o desejo despertado e as proibições superegoicas = formação de uma solução de compromisso, via nova repressão, que atenda em parte o desejo fixado e em parte as exigências do superego: o sintoma neurótico. Qual é a meta habitual de investigação da psicanálise? Tornar consciente o desejo fixado durante o drama do complexo de Édipo e de sua dissolução pela formação do superego. Esse desejo está reprimido pelo horror que causa ao paciente. Quando ouço dizer que a "análise foi ótima porque saí arrasado", penso que o psicanalista, através de seus artifícios, "pegou" o paciente e revelou-se para ele o desejo fixado *com todo seu horror*. O motivo do sofrimento do paciente seria "ouvir duras verdades" a respeito de si e assumir o horror de seu desejo. Assim sendo, o psicanalista está endossando que o desejo fixado é

realmente um horror. Isso é semelhante a revelar a Anna O. seu desejo incestuoso em relação ao pai, mas não investigar como esse desejo foi construído, quer ao longo de sua infância, quer durante o tempo que se subtraiu da vida de uma menina para atrelá-la à cabeceira de um pai doente. Descontextualizado, o desejo continua horroroso, o potencial de repetição do sintoma segue intacto porque a estrutura do superego continua inquestionada.

É aqui que entra o dano terapêutico da perversão de domínio-submissão: estará o psicanalista, que assume tal postura, em condições de questionar a construção do superego de seus pacientes se ele próprio é um representante assumido e desejado desse mesmo superego? Um psicanalista que endossa o superego como corregedor de costumes fatalmente pretenderá que, tornados conscientes os desejos, o paciente os abandone, *reconhecendo e assumindo a castração*, vale dizer, aceitando o que lhe diz seu próprio superego sem questionar a formação de suas leis. Ora, o arrependimento dos pecados sem questionar suas causas e as leis que os chamam de pecados é o mesmo caminho que a Igreja Católica vem tentando para corrigir os pecadores, sem o menor sucesso, há dois milênios. Sem o menor sucesso para o "pecador", que volta sempre a pecar. Mas com grande sucesso para a instituição religiosa, porque ele volta sempre a confessar.

Não é à toa que Freud se desiludiu com a eficácia terapêutica da psicanálise, chegando no fim da vida a sonhar com um futuro onde drogas bioquímicas deixariam a psicanálise livre da embaraçosa tarefa de tentar curar os pacientes de seus sintomas para que ela pudesse se dedicar aos seus aplicativos mais sublimes, de especulação cultural.

Não é à toa que surgiu, na teoria da investigação psicanalítica, a história da quinta resistência. Essa resistência, chamada resistência do id, ou "leito de pedra", ou compulsão à repetição, "fruto do irredutível impulso de morte", consistiria no fato de que, a despeito de o psicanalista ter investigado tudo que podia investigar, escavado até chegar ao tal leito de pedra, sem nada mais a escavar, o paciente continuava a ter sintomas. Tal resistência até pode ser que exista. Mas nenhum psicanalista que preze a confiabilidade da psicanálise como forma de conhecimento deveria se valer dela como explicação para seu fracasso terapêutico. Então a psicanálise é perfeita, o defeito é do paciente? O bem-estar da instituição é mais importante que o do paciente? Isso equivaleria a usar o mesmo tipo de explicação *ad hoc* que os previsores de Casimiro de Abreu usaram para a ausência dos extraterrestres. Não faz da psicanálise um conhecimento confiável. Se um psicanalista quer ser confiável, quer buscar algo próximo da verdade, diante de um fracasso terapêutico, precisa ter a humildade de se perguntar onde está seu erro ou o da psicanálise que aprendeu.

Como essa perversão começou? A hipótese que faço é que essa perversão começou com Freud. Não por maldade ou má intenção, mas por causa das circunstâncias em que viveu, que é como, de resto, acredito nascerem todas as perversões. A magnífica ambivalência de seu gênio o fez ser um cientista honesto e perspicaz, ao mesmo tempo que um tirano institucional; um revolucionário na concepção da alma e um submisso ansioso por aprovação da Academia vienense. Freud era capaz de se questionar, de pensar que estava errado (como no caso da negativa ou da origem da angústia, que inicialmente pensava ser causada pela repressão e depois descobriu que, ao contrário, era a causadora da repressão - *Verdrängung*) ou, no máximo, aceitar algum reparo vindo de Fliess. Mas sabemos como recusou com mão de ferro os reparos vindos de seus discípulos. Adler, Jung, Ferenkzi, Rank e o brilhante jovem Victor Tausk sentiram com maior ou menor intensidade o peso dessa mão. No entanto, recuou diante da grita acadêmica contra a etiologia da histeria: o abuso sexual na infância não passaria de "fantasias". Ponhamo-nos em seu lugar: Freud era um ambicioso judeu de origem pobre, fascinado pela glória acessível de uma das nobrezas mais sedutoras da história: o título de *Herr Professor* da academia de ciências da Viena do século passado. Dificilmente podemos entender hoje essa sedução. Não há lugar social tão reverenciado, inquestionado e arrogante de grandeza e importância que se compare. Numa época em que a ciência parecia ter chegado para substituir a religião, o *Herr Professor* era mais que um papa, era um semideus. A relação médico-paciente de um *Herr Professor* pode ter um símile hoje na de um cirurgião cardiovascular, isso, se levarmos em conta que o paciente estará anestesiado, completamente submisso e já de tórax aberto, esperando a entrada triunfal da estrela. Freud, no entanto, deu um passo decisivo para longe do domínio-submissão ao se descobrir um mau hipnotizador (onde o domínio-submissão é a base) e ao propor a livre associação de ideias a seus pacientes. Contou, divertido e tolerante, da paciente que o mandou calar-se porque estava interrompendo sua "limpeza de chaminé". Um passo em direção ao domínio-submissão ao impor o divã para atender a uma conveniência sua (ele se incomodava com os pacientes a encará--lo). Outro passo na mesma direção ao se irritar com a descoberta das resistências, ao tentar vencê-las com a força de sua autoridade. Um passo extraordinário para longe do domínio-submissão ao entender que as resistências tinham um conteúdo histórico, que eram uma notável fonte de material de investigação, que não eram má vontade dos pacientes, mas sua história inconsciente codificada, tal como os sintomas.

Assim ia Freud construindo sua teoria, dois para cá, dois para lá em sua valsa com o domínio-submissão. Mas isso é o que acontece com todos nós, afinal, em nossa relação com a cultura. O que poderia ter pesado em direção ao domínio-submissão no caso de Freud e a psicanálise clínica? Penso ter sido sua condição de *nouveau*. O calouro, o estreante, o aprendiz, o recém-chegado, o pretendente, o *nouveau-riche* e todos os demais *nouveaux* precisam de acolhimento e tolerância para sua insipiência, para terem o direito de ser e continuar sendo aprendizes. Freud não teve nada disso. E ele não era apenas estreante entre os acadêmicos. Tinha a ousadia de apresentar um conhecimento estreante. Morria de medo de ser visto como um charlatão e de sua psicanálise ser tomada como um reles conhecimento judeu. Tanto que exultou com a adesão de Jung, um cristão respeitado.

O maior risco que um aspirante corre ao não ser bem acolhido, além do de se abater pela humilhação, é o de se tornar um *snob*. Eram chamados *snobs* os alunos dos internatos da classe alta inglesa que, por não serem de origem nobre, tinham a abreviatura *s. nob.* (*sine nobilitas* = sem nobreza) aposta a seus nomes nos registros da escola. Eram justamente esses que, por insegurança social, exageravam na postura que eles pensavam ser própria da nobreza. Era uma formação reativa ao horror que tinham por sua origem "humilde".

Penso ter sido isso que acometeu Freud. Inseguro do conteúdo de seu bolo psicanalítico, temeroso de que ele pudesse ser destruído, exagerou no confeito. Era capaz de lidar sozinho com sua teoria como quem constrói um brinquedo com blocos de Lego: tolerante com sua imperfeição, tirava e recolocava melhor os blocos com facilidade. Foi o que fez, por exemplo, no caso da teoria da angústia. Mas quando tinha que apresentar sua psicanálise para a Academia e para os discípulos, atirava sobre seus blocos de Lego baldes de Super Bonder. Apresentava-a como pronta, perfeita e inquestionável. As críticas pareciam-lhe tentativas de destruição (e muitas provavelmente foram), crimes de lesa-majestade. Criou uma instituição vigilante e poderosa para cuidar de seu bolo. Ora, sabemos com que zelo a IPA vem cuidando para que ninguém mexa nesse bolo e nos documentos originais da psicanálise. Para que ninguém mexa em nada que possa arranhar o pesado confeito com que a psicanálise se cobriu todos esses anos. Exigiu que todos os aspirantes se *submetessem* à psicanálise pessoal como condição para sua formação.

E aqui chegamos ao final dessa discussão. Tenho claro que me dirijo a aspirantes de psicanálise. Quero que eles tenham claro sua condição de *nouveaux* e saibam de seu direito à incompletude e à condição de aprendizes. Eles vivem o rito de passagem que é sua psicanálise pessoal, requisito de sua formação. *Este é o momento crucial* por onde penso ter se perpetuado a perversão de domínio-submissão que tanto dano tem causado à psicanálise. Um paciente comum pode mandar seu psicanalista às favas se achar que ele abusa de poder. Será que um aspirante tem tamanha liberdade? As chances são de que ele morra de medo de discordar e que se submeta. Precisamos partilhar essa responsabilidade, aspirantes e psicanalistas formadores. Precisamos acolher com humildade científica, com certeza de nossa eterna incompletude a ignorância e o erro, o questionamento e a reformulação teórica. A psicanálise viveu o drama de qualquer criança: não poder escolher o pacote cultural que recebe ao nascer e ter que lidar com ele. Posso entender sua insegurança infantil. Mas a grande chance de ter crescido é podermos escolher circunstâncias mais favoráveis para nós, onde a neurose, a perversão e outros mecanismos de defesa não se façam necessários. Isso serve para o indivíduo e serve para a psicanálise. E ela já está bem grandinha e respeitável agora (às vezes até venerável, o que é danoso para ela) para poder se permitir essas alterações.

P.s.: O palestrante que me seguiu era um psicanalista de renome nacional. A primeira coisa que fez foi me corrigir, pois Freud nunca havia fundado a International Psychoanalytical Association, e sim a... (e declamou, em alemão, o nome da predecessora da IPA, que eu não tenho a mínima ideia de como seja), para mostrar a enorme "relevância" do meu erro, corroborando assim minha tese, como a cereja sobre o topo do confeito.

HORA DO RECREIO

Se queres ser universal, começa por pintar a tua aldeia.

Liev Tolstói

COSME VELHO

UM ROTEIRO DE VISITA

Terminando outro livro, gosto de uma hora de recreio. Fiz o mesmo no último capítulo de *O amor companheiro*, que chamei de *Amarcord* (como o filme de Fellini, significa "eu me recordo"), e gostei muito, eis por que repito a boa experiência aqui.

Moro neste bairro, talvez o mais carioca do Rio, já que por ele passa o riozinho que nos deu o gentílico, há 65 anos, apesar de ter nascido na Casa de Saúde Dr. Eiras, em Botafogo (rejeito ilações maldosas: só bem mais tarde ela se tornou um hospício), e dele só sairei deitado, de tanto que o aprecio.

Em 1985 presidi a associação de moradores do bairro, e me divertia fazendo visitas semanais guiadas por ele. Eu, de megafone em punho, a mostrar e contar histórias e lugares da minha terra. Houve vezes em que mais de quarenta pessoas me acompanharam. Como nunca mais hei de repeti-las a pé, faço aqui uma por escrito.

O vale das Águas Férreas, na encosta oeste do morro de Dona Marta, é por onde passa o rio Carioca, principal abastecimento de água da cidade do Rio de Janeiro depois que ela se mudou para as imediações do morro do Castelo, começando na Mãe d'Água, no alto do Silvestre, e desaguando na praia do Flamengo, percorrendo aproximadamente o trajeto por onde ele hoje passa canalizado: as ruas Cosme Velho, Laranjeiras, Ipiranga, Conde de Baependi e Barão do Flamengo, em frente à qual desaguava na Baía de Guanabara.

O vale e a rua, mais tarde, ganharam o nome de um comerciante português da rua Direita (atual Primeiro de março), Cosme Velho Pereira, que lá teve plantações em suas partes altas, segundo consta na página do governo, a partir de 1727. Se seu nome tem a ver com o outro Cosme Velho conhecido (Cosimo 'il Vecchio', Médici florentino do século XV que deu origem à famosa dinastia), é pura especulação.

"Águas Férreas" foi nomeado assim por conta de suas nascentes de águas ferruginosas, cuja única sobrevivente é a Bica da Rainha, em frente ao nº 354 da rua Cosme Velho. Mas inúmeras outras houve, e algumas serão citadas neste roteiro.

O rio Carioca também foi conhecido como o rio das Caboclas e rio do Pendura-saia, referência às lavadeiras que o usavam. Por extensão, o vale também foi chamado com esses nomes (vale das Caboclas e vale do Pendura-saia) por algum tempo. Hoje o vale e o bairro têm o nome da rua, distinguindo-o do de Laranjeiras.

O vale era habitado por índios Tamoios na ocasião do descobrimento, vindo mais tarde a ser ocupado pelos europeus, que ali plantaram vastos cafezais. Entre eles, o General van Hogendorp, holandês exilado depois da derrota de Napoleão, que veio acabar seus dias como fazendeiro nas encostas do vale. Há uma placa em sua homenagem, posta pelo governo holandês na antiga casa da FEBEM (anteriormente, SAM) na ladeira do Ascurra, como se ali tivesse morado. Mas é imprecisa, a informação.

O fato é que os cafezais degradaram as nascentes do Carioca, ameaçando o abastecimento da cidade, que já recolhia as suas águas, transportando-as ao Centro através de um aqueduto, cuja parte mais conhecida são os arcos da Lapa. De tal forma que o imperador D. Pedro II ordenou ao major Archer que acabasse com os cafezais e reflorestasse a região. Com a ajuda de doze escravos, este trabalho resultou num dos mais bem-sucedidos reflorestamentos (ainda que com espécies exóticas, como a jaqueira) urbanos de que se tem notícia: a floresta da Tijuca, a maior floresta urbana do planeta.

Foi construída uma caixa coletora no alto da ladeira do Ascurra, que rasga o terreno da família Rabello para descer suas canalizações e abastecer o vale e a região a jusante. A família recebeu, por ceder seu terreno, uma "pena d'água" (abastecimento sem custos) permanente, cedida pelo imperador. Ainda hoje pode se ver o marco zero da estrada das Paineiras, ao pé das ladeiras do Ascurra e dos Guararapes.

Nosso passeio começa num monumento moderno, portal do Cosme Velho: o edifício Águas Férreas. Da década de 1940, é um belo prédio com jardins à frente, um lago de carpas e residência de notáveis, como os escritores e acadêmicos Raymundo Faoro e Marques Rebello. Em frente a ele, do outro lado da rua (Cosme Velho, nº 9), um sapotizeiro centenário marca onde foi a casa do Prof. Souza da Silveira, um dos maiores filólogos que a nossa língua teve.

Mais adiante entramos no colégio Sion para conhecer, em seus fundos, um dos afluentes do rio Carioca, que desce em cachoeira antes de ser canalizado. A muralha de sua lateral (divisória entre o colégio e o casario da rua Marechal Pires Ferreira) foi, como contam, construída por escravos. Fato é que seu estilo de construção se assemelha ao das divisórias das fazendas de Minas, essas sim, seguramente, obra deles.

Colado ao colégio resiste uma casa alta pertencente à ordem das irmãs do Sion, que já foi colégio de crianças pobres (São Luiz Gonzaga) e que já estava presente quando Marc Ferrez fotografou aquele trecho do bairro em 1886, onde também aparecem os trilhos do bonde de burro e o rio Carioca a céu aberto, com bancos ao longo de seu curso e pontezinhas levando às casas da margem direita.

Do outro lado da rua resistem casa de uso comercial (destino das grandes casas de beira de rua, pois ninguém rico quer morar nelas) que foram construídas depois das normas arquitetônicas de Pereira Passos, decidindo que todas as casas seriam de estilo eclético, e o bairro ainda tem algumas, como veremos.

Do mesmo lado do Sion, na esquina de Mal. Pires Ferreira, fica o prédio que ocupou o local onde Machado de Assis viveu seus últimos anos. A AMA-CV (Associação dos Moradores e Amigos do Cosme Velho) lá afixou uma placa comemorativa, secundada por outra, da prefeitura.

Na esquina seguinte fica o imponente casarão que foi a sede da fazenda de café onde morou o Visconde de Thaíde, amigo de Machado, que ofereceu a capela de sua residência para que o escritor se casasse com sua Carolina. Esta mesma casa-grande dominava a fazenda de café de toda a margem esquerda do Carioca, no vale. Seu terreno foi cortado no fim dos anos 1930 por um loteamento ao longo do afluente que desce das encostas do Sion, formando a rua Mal. Pires Ferreira.

Na casa também moraram o próprio marechal que dá nome à rua, Mario de Oliveira (e seu filho Mariozinho, do clube dos Cafajestes); Israel Klabin (sua mulher de então, Lina Paranhos, fez uma reforma caprichada na casa); e Alberto Soares de Sampaio, que foi o último proprietário, tendo-a passado aos herdeiros, Paulo Geier e os filhos deste, que a alugaram para a Agência Contemporânea de publicidade. Hoje a casa está alugada para o canal Fox de TV a cabo.

Vizinho a ela há uma bela casa de tijolinhos, em estilo colonial inglês para as Índias, que tinha a curiosidade de manter a cozinha separada da casa. Nela moraram Wolf Klabin, pai de Israel, Armando e Daniel Klabin, este, seu atual proprietário. No seu terreno, assim como no da casa da esquina, estão plantadas palmeiras imperiais que já eram adultas quando Marc Ferrez fotografou o vale em 1890, tendo, portanto, mais de 150 anos.

Mudando de calçada, em frente à única padaria do bairro, há duas casas geminadas, do estilo eclético de Pereira Passos. Na da esquerda, morou Cândido Portinari no fim dos anos 1940, começo dos 50. Ao se mudar, deixou as paredes de seu estúdio cobertas de pinturas suas e estudos para outras, que o proprietário português providenciou que fossem pintadas de branco para receber o próximo locatário.

Entre elas e a bica da rainha há uma ladeira que leva a um conjunto de casas altas na encosta do D. Marta, onde moravam suíços e uma famosa traficante de bebês para adoção.

A bica da rainha tem uma história famosa. Uma das fontes de águas ferruginosas do bairro, ela recebia a rainha D. Maria I, a louca, que lá ia se tratar de sua epilepsia, acompanhada de aias, o que gerou a expressão "Maria-vai-com-as-outras". Um exame feito em 1985 mostrou que suas águas têm excesso de coliformes fecais (das casas a montante), impróprias para o consumo. A reforma da bica, caprichosamente feita em cantaria granítica no fim dos anos 1800, está descaracterizada, coberta de tinta branca.

Ao lado da bica fica uma antiga casa construída trinta metros acima da rua, onde residiram Aderbal e Marília Pougy. Em 1985 entrevistei D. Marília (Rabello, de solteira), então a mais antiga moradora do bairro, que andou de bonde na infância acompanhando sua mãe, a qual vinha entretida na conversa com um senhor de barba e cabelo branco, que apreciava tanto sua prosa a ponto de acompanhá-la até depois do "rodo do bonde" (o lugar onde o bonde fazia o retorno para descer a rua, onde hoje passam os viadutos do túnel Rebouças). Era Machado de Assis. Foi assim que conheci alguém que conhecera Machado. A casa de D. Marília é hoje um museu da Associação Brasileira de Pediatria.

Em frente a ela, do outro lado da rua e colada à padaria, fica outra casa do período Pereira Passos, uma de cômodos. Mais acima, e antes da igreja de São Judas Tadeu, o mais antigo prédio de apartamentos do bairro (anos 1940) tem um pequeno comércio em baixo. Ao seu lado, uma das duas vilas do bairro. Nesta, só se entra a pé. Na outra, colada à padaria, entra-se de carro, e ela data dos anos 1920.

De frente à igreja, a praça São Judas Tadeu é um estacionamento que serve à estação do bondinho do Corcovado, a primeira linha férrea turística da América do Sul, ainda do tempo do império, que levava visitantes ao topo do morro muitas décadas antes da estátua do Cristo. A estação é ladeada pelas ruas Ephigênio de Salles e Smith Vasconcellos. Na esquina desta última, fica uma casa notável, com o topo em cúpula de metal e alpendre de ferro batido vindos da França. Residência da atriz já falecida Beatriz Veiga, tem em sua frente um magnífico pau-ferro plantado por seu pai. Entre suas raízes, projetadas para fora do muro, cresceu uma jaqueira.

Na mesma Smith Vasconcellos, duas casas adiante da de Beatriz Veiga, fica a casa alta em que morou Cecília Meireles. A rua tem um ar de vila antiga e, no fim, ela se divide em um beco curto à direita e na rua Felinto de Almeida, que sobe pela encosta do D. Marta até cruzar os trilhos do bondinho, na altura da antiga parada Dr. Ravache (pai da atriz Irene Ravache, que tinha sua casa em estilo normando e que usava o bondinho para lá chegar). A casa continua lá, hoje é uma pousada.

Voltando à rua Cosme Velho, e subindo, vizinha à casa de Beatriz Veiga há outra, mais que centenária, que, depois de ser residência por décadas, tornou-se o atual museu de arte naïf. Do outro lado da rua, fica o casarão do consulado da Romênia, colado à igreja, prédio residencial da década de 1930. Dois números acima, o estabelecimento comercial mais antigo do bairro, modesto, datado de 1827, já foi quitanda nos anos 1950 (tinha tamancos pendurados na porta, vendia miudezas, fogos de artifício, cachaça e refrigerantes) e restaurante.

Acabou por se fechar a saída do caminho do Chico (alusão ao morro do Chico, por onde se descia de Santa Teresa, um acesso de mais de trezentos anos que era atalho entre as ruas Sen. Pedro Velho e a Cosme Velho), mas o portal ainda ficou. Antes de ser extensão do restaurante, o local abrigou uma vacaria (estábulo com vacas que abasteciam de leite o bairro) e mais tarde, uma carvoaria, quando o carvão aquecia fogões e ferros de engomar.

O economista Eugênio Gudin, nascido no bairro em 1885, contou-me, quando o conheci (ele, com 99 anos, veio com uma amiga à minha casa para conhecer a novidade fonográfica de então, o CD), ter acompanhado sua ama para comprar leite lá.

Cruzando a rua, vizinha ao museu de arte naïf, fica a casa bem preservada onde morou Austregésilo de Athaíde, presidente da Academia Brasileira de Letras por décadas, casado com D. Jujuca, pais de Laura, casada com Cícero Sandroni, acadêmico autor de pequeno livro sobre o bairro e morador da rua Itamonte, no fim de Cosme Velho.

No lado oposto da rua, duas casas altas antes da estação de ônibus, residenciais e bem conservadas. A estação ocupa o vasto terreno onde ficava o hotel Cosme Velho, casarão neoclássico margeando à esquerda o último trecho aberto do rio Carioca, a partir daí, canalizado até a praia do Flamengo.

De frente à estação, a casa dos Rabello, esquina da ladeira do Ascurra, que recentemente recebeu uma restauração caprichada. No encontro das ladeiras do Ascurra e do Cerro Corá, o marco zero da estrada das Paineiras (quem passar por ela verá, a cada quilômetro, marcos iguais).

Acima, colado à Estação, fica uma casa ótima e linda, ainda residencial, lá mora Armando Klabin, irmão de Israel e de Daniel. Depois da dele começa o casario do beco do Boticário, a parte realmente antiga (final do século XVIII) do conjunto beco-largo. A casa do médico e acadêmico Silva Mello (que foi homenageado nomeando a praça depois do Largo, à beira do acesso ao túnel Rebouças), que conheci transitando em roupas de antigamente pelo bairro, no banco de trás de seu Buick negro (1947), e usando *pince-nez*. Ele se tornou notável pelo projeto de privadas que não respingavam no usuário. Acima dela, a casa de um neto do escritor Bastos

Tigre, inteiramente moderna por dentro, conservando a fachada. A seu lado ainda mora, na esquina do beco, a filha da poetisa Ana Amélia e de Marcos Carneiro de Mendonça, a crítica teatral Bárbara Heliodora.

O Largo do Boticário é lindo, mas... é recente. Foi construído por ideia e mando de D. Sylvinha de Bittencourt, mulher do então dono do *Correio da Manhã*, Paulo Bittencourt, na década de 1940, usando material de demolição das casas centenárias postas abaixo pelo prefeito Henrique Dodsworth. O Largo original, onde o atual foi construído, era um lugar pobre que ganhou o nome por causa de um farmacêutico de então, que lá viveu. Dele, sobrevivem as belas árvores da entrada.

Hoje se encontra abandonado e decadente, com ocupações de sem-teto recorrentes. Sua proprietária, herdeira de D. Sylvinha, não o vende, nem aluga, nem preserva. A prefeitura desapropriou por interesse público as casas de lá, trazendo um sopro de esperança aos amantes do bairro. Do bairro? Queria dizer "do Rio de Janeiro".

Do lado oposto à entrada do Beco do Boticário ficam duas casas notáveis: a primeira foi onde nasceu o patrono dos economistas brasileiros, Eugênio Gudin, e tem garagem para dois coches, estreitos e altos. A AMA-CV lá afixou uma placa comemorativa do centenário de Gudin em 1986, quando ele ainda vivia (morreu pouco depois), que foi descerrada pelo antigo goleiro do Fluminense Football Club e depois historiador Marcos Carneiro de Mendonça, viúvo da poetisa Ana Amélia, pai da crítica teatral Bárbara Heliodora e dono da casa vizinha, a bela casa dos abacaxis (enfeites em bronze das varandas do segundo andar), frontão neoclássico, casa de beira de rua que está hoje vazia e mal-cuidada, à espera de um uso comercial que a reanime.

Resultado das demolições para a construção dos acessos do túnel Rebouças, restou um largo com chafariz, homenageando o Acadêmico Dr. Silva Mello.

As detonações de dinamite para abertura do túnel desviaram o curso d'água que jorrava da mais antiga fonte das Águas Férreas, que desapareceu na ocupação irregular das margens daquele acesso, mas cujas ruínas neoclássicas foram registradas em meu documentário, *Cosme Velho – anos 70* (Youtube), e retratada por Bertichen em 1856, numa bela gravura.

Acima dos viadutos do túnel, entre a ladeira dos Guararapes e a continuação da rua Cosme Velho, há um curioso edifício de apartamentos com um comércio pobre embaixo, que já existe há mais de setenta anos, com o apelido de "ferro de engomar", por ser estreito na frente e largo atrás.

No alto da Guararapes há a bela casa que foi de Paulo Geier, colecionador de arte, sobretudo relativa ao Rio de Janeiro, possuidor de tantos quadros que só lhe restavam os tetos dos aposentos para afixá-los. Doou-os em vida para o Museu Imperial de Petrópolis, a maior brasiliana (coleção de pintores que retrataram o Brasil, principalmente o Rio, através dos tempos) que existe. Para a surpresa de ninguém há hoje uma disputa judicial dos herdeiros contra o museu.

Na continuação da rua Cosme Velho (que termina no alto da encosta para Sta. Teresa, no encontro da rua Prof. Mauriti Santos) há de notável a casa do fundador da Rede Globo de Televisão, jornalista Roberto Marinho. Seu terreno enorme é atravessado pelo rio Carioca. A rua mudava de nome antes de sua casa, mas o jornalista, que queria o endereço nobre, conseguiu da prefeitura que ela se estendesse até seus limites atuais, no alto do morro.

1ª edição	*Julho de 2013*
impressão	*Geográfica*
papel de miolo	*Chambril Avena 70g/m²*
papel de capa	*Cartão Triplex 250g/m²*
tipografia	*Rotis Sans Serif*